みんなの
ひきこもり
つながり時代の処世術

加藤隆弘
Takahiro Kato

木立の文庫

はじめまして

「みんなのひきこもり」という連載を木立の文庫のウェブサイトに続けていて、それが本になることになりました。

このタイトルを目にしてどのような印象を持たれるでしょうか？『「みんな」とはどういうことだ！　俺はひきこもりじゃないぞ！』と非難したくなる方が多いかもしれません。NHKの「みんなのうた」、あるいは、サザンオールスターズの《みんなのうた》を連想される方もおられるかもしれません。

私は精神科医として日常臨床のなかで「社会的ひきこもり」〔このあとは〝ひきこもり〟と呼びます〕と言われるような方々と出会い、かれらにむきあっている日々です。並行して、国内外の研究仲間とともに〝ひきこもり〟の解明と支援開発のために共同研究をすすめています。

ひきこもりという言葉は、世界で最も有名な英語辞書“Oxford Dictionary”に‘Hikikomori’という形で紹介されるほど、国際語になりつつあります。日本以外の国々でひきこもる方の存在が次々と報告されており、〝ひきこもり〟は国際的なトピックになりつつあるのです。でも、だからといって、もちろん、世界中のみんなが将来〝ひきこもり〟になると言いたいわけではありません。

なのに何故、「みんな」の〝ひきこもり〟なのか？　その由来はここでは明かしませんが、私は、そもそも「みんな」という言葉が大の苦手なのです。生理的に「みんな」という言葉に反応してしまう人間なのです。

家族から『みんなは〇〇しているのに、貴方は?!』と言われることほど苦痛なことはありません。こうした場面で、私は内心『『みんな』って誰だよ！　俺は『みんな』じゃないぞ！』と思うのです。こうした心性を、私だけでなく、少なくとも一部のひきこもる方は持っているのではないかと思うのです。「みんな」という言葉が頻用されるこの日本社会であればこそ、〝ひきこもり〟の方が百万人も存在するのではないかと空想することさえあります。

サザンオールスターズの《みんなのうた》、この機会にまじまじと歌詞をながめてみました。失恋と孤独感をテーマにした曲なのですね。

この本『みんなのひきこもり』では、「みんな」という言葉をキーワードにしながら、〝ひきこもり〝について考える場を提供できれば、と思っています。私たち一人ひとりのこころのなかに〝ひきこもり〝的な部分がきっとあるだろうと私は思っています。みなさん、日本の、世界の、そして自分自身の〝ひきこもり〝に出会ってみませんか？〔以上は木立の文庫サイト連載の初回〔二〇一九年九月〕より〕

みんなのひきこもり

二〇一九年の秋に、この本のもとになる連載を木立の文庫のウェブサイトで始めました。イントロダクション（本書でいうこの章）を書き上げて、さあ、次の原稿を書こう書こうと思いつつ、なかなか筆がすすまない時期を過ごしていました。

私のこうした先延ばし心性は、〝ひきこもり〝の方が「明日は学校に行こう！」「明日はハローワークに行こう！」と思いつつ、なかなか外の社会への扉を開くことができない心性とかわりないものでしょう。

こもる時代の到来

そんななか、十二月に武漢において未知の急性呼吸器疾患が集団発生し、その原因が新型のコロナウイルス〔COVID-19〕であることがニュースで報じられました。当時、対岸の火事としか思えなかった新型コロナウイルス感染症は、武漢から中国全土、そして世界中へ拡がり、世界保健機構〔WHO〕はパンデミックを宣言しました。悲劇的なことに、世界中で多くの方々が感染し、何十万人もの人々がお亡くなりになりました。亡くなった方々に哀悼の意を表します。

我が国でも日に日に感染者数は増加し、二〇二〇年四月下旬には全国に緊急事態宣言が発令される事態に陥っています。新型コロナウイルス感染症の拡大を防ぐべく、いま、世界中で「ステイホーム *Stay at home*（家にいなさい！）」がスローガンとして叫ばれ、我が国でも「不要不急の外出を控える」ことが私たち国民に課されています。

連載をはじめた昨年秋の時点で、私の脳裏には「二〇五〇年の未来にはインターネット社会の拡大とともに大気汚染など外出しづらい状況が生じて、ひきこもり的な状況は社会的に受け入れられる、あるいは、受け入らざるをえない時代になるかもしれない」といった漠然とした思いがありました。ところが、期せずして私たちは、いま、この二〇二〇年の春に、ひきこもりのような生活をせざるをえない状況に置かれることになってしまったのです。

もちろん、みなさんご存じのように、いわゆる〝ひきこもり〟と、現在私たちが不要不急のスローガンや感染恐怖のもとで強いられている「巣ごもり」状況とが、まったく同じわけではありません。しかし、新型コロナウイルス感染症による外出や直接的な対人交流の機会が減少し続けることは私たちに想像以上の心身への負の影響を及ぼしかねないと、一精神科医として、そしてひきこもり臨床の専門家として、危惧しています。

いまだ治療薬は開発されておらず、「自分も感染《うつ》ってしまうのではないか」あるいは「知らず知らずのうちに自分が誰かに感染《うつ》してしまうのではないか」という不安や恐怖を戦々恐々と抱きながら、怯えながらひきこもっている人も少なくないはずです。

アット・ホームな居心地？

これまでのひきこもり臨床で明らかになったことがあります。

ひきこもる方は、ひきこもり始めの少なくとも数ヵ月は、ひきこもる前よりも精神的に安定する傾向があるということです。日々の辛い人間関係から逃れることができてホッとする方が少なくないのです。しかし、こうしたひきこもり状況が数ヵ月、数年と続くなかで、生活リズムが乱れたり、「独りぼっち」の感覚（孤独感）が強まったり、他方では家庭内での軋轢が強まったりして、家庭内不和や心身の不調を来たしやすくなるのです。

もし、コロナ自粛がこれから数ヵ月、数年と続くとしたら、「巣ごもり」で見受けられたような心身の不調や家庭内での問題が世界中いたるところで発生しかねません。とくに学生のみなさん、大丈夫でしょうか？

「みんなの」というネーミングに半年前であれば違和感を思えていた方も、いまでは他人事ではなく感じておられるのではないでしょうか。私たちはまさに《みんなのひきこもり》時代に突入しようとしているのかもしれません〔連載第二回〔二〇二〇年五月〕の記事をもとに〕。

ひとりで居られる

この本では、従来の〝ひきこもり〟に関する理解やその対処法を中心にとりあげつつ、私たちが余儀なくされているコロナ自粛のなかで心身の健康を保つコツに関しても適宜ふれてゆきたいと思います。〝ひきこもり〟への理解を深めて、未曾有の《みんなのひきこもり》時代を生き残るための術を身に付けてゆきましょう。

私の好きな精神分析家に、英国で小児科臨床も実践していたドナルド・ウィニコット *Donald W. Winnicott* という人物がいます。ウィニコットは〝capacity to be alone〟という言葉を後世に残しました。日本語では「ひとりでいられる能力」と訳されることが多いですが、ここでは敢えて〈ひきこもる能力〉と訳してみましょう。ウィニコットは、この〈ひきこもる能力〉を得ることこそが、未来を創造的に生きるためには不可欠である、と提唱しています。

コロナ自粛による「ステイホーム *Stay at home*」の先に明るい未来が訪れることを信じて、いまこそ〈ひきこもる能力〉を得られる大事な時期と捉え、この難局を乗り切りたいものです。

目次

どうして　こもるのだろう

みんなのひきこもり

つながり時代の処世術

プロローグ

これって、ひきこもり？ ひきこもり予備軍？

みなさんの周りにこのような人、いませんか？
みなさんご自身、このような経験ありませんか？

01

「また月曜から学校かよ……どうせまたアイツらからやられるんだろうな……」

クラスでいじめられるようになったA君。周りは見て見ぬ振り。「まあ、仕方ないよね。A君ってマイペースすぎて、ちょっと懲らしめるくらいがいいかもね」という同級生も。A君は遅刻・欠席が増え、夏休み明けからは一切学校に来ていません。

02

「ああ……また今日も寝過ごしてしまった……仕方ない、明日から大学に行こう」

「今回の単位は諦めよう……次の単位の方が楽みたいだし」

「ついに来たか……留年……まあ、来年はがんばろう」

一人暮らしの大学生B君。オンラインゲームやSNSでの夜更かしが災いして、昼夜逆転し、学校を休みがちとなり、結局留年してしまいました。直接会う友達はいませんが、夜中のネットゲームの世界ではトップクラスの順位を保持しており、暗闇のなかでは活き活きと輝いています。

03

「学校のみんながボクの悪口を言っている……最近は近所の人もそう」

これまで明朗快活だったC君。半年前からクラスメートとの会話が減り、急に独り言を言ったり、怯えたような表情をしたりして、授業に身が入らない様子で成績も急落。三ヵ月前からは、『学校が怖い』と言い出し、休んでいます。部屋の窓を段ボールで覆い隠すようになりました。心配して声をかける両親には『おまえたちは偽物だろ！』と言い、ほとんど自室にこもりっきりです。

04

「う……ん……お腹いたい。……トイレ行きたいけど、授業中だし……」

成績はいつもトップクラスで、性格は温和で、しかも容姿端麗でクラスのアイドル的存在の中学二年生のDさん。そんなDさんでしたが、数ヵ月前から腹痛や下痢がしばしば出現するようになりました。学校に行く直前に症状が出ることもあり、遅刻がしばしば。一ヵ月前に、授業中、突然教室を出て行ったきり、学校に来なくなってしまいました。

05

「大失敗をしてしまった……もう周りに合わせる顔がない……申し訳ない」

人一倍責任感が強く、頑張り屋の中堅社員Eさん。取引先との契約で、Eさんのちょっとしたミスにより会社に大きな損失を与えてしまいました。社長含め、周りの上司・同僚は『そこまで深刻に考えなくてもいいよ。なんとかなるよ』と助言していますが、『俺のせいで会社に迷惑をかけてしまって！』と、頑なに『会社を辞める』の一点張りで、結局、自主退社しました。その直後、周りに「旅に出る」と言い残して、音信不通の状態が数ヵ月続いています。

06

『先輩、二週間くらい前から、眠れなくて、気分が上がらなくて、やる気もでません』

街なかのクリニックをみずから受診し、適応障害の診断書を手にして、休職を希望してきた入社二年目の社員Fさん。『一年目の□□課とちがって、△△課の先輩たちは、ぼくのこと、まったく配慮してくれません、ほったらかしです』と、人事担当者に愚痴をこぼします。△△課の社員達は『え、F君がうつ病?! たしかに、最近元気ないと思っていたけど……、先週の土日は旅行にいって楽しんでいたって、隣の部署の人が言っていたんだけどなあ』と、驚きを隠せない様子。結局、本人の希望が強く、休職となり、半年以上経ちますが復職の目処は立っていません。

07

「はあ……今日も掃除、洗濯、そして夫の夜ご飯。いったいわたし、何をしているのかしら……今日は何時に帰ってくるのかな」

夫の転勤に伴い、半年前に見ず知らずの土地で生活するようになったGさん。前は社宅でしたが、社宅での奥さま同士のお付き合いに疲弊した経験があり、今回は敢えて社宅ではなくマンションを借りることに。ここ数ヵ月、直接会話するのは夫だけで、夫の帰りを待つ間、SNSを眺めたり、ネット通販で買い物したり、そして夕食を作りながらアルコールを飲むことだけがいまの楽しみになっています。

08

定年後、故郷の近くに一軒家を建てたHさん。近所づきあいや親戚づきあいはほとんどなく、妻とひっそりとした生活を送っていました。二年前に人生の伴侶を失い、半世紀以上ぶりに独り身になりました。不整脈の治療で通う病院の先生とスーパーの買物で店員さんだけが唯一の話し相手となっています。

09

三十歳代後半の研究職のIさん。こだわりが強すぎて、融通が利かないと言われ続けて三十年。社交ベタでそもそも人づきあいが好きでないため、「変わり者」「変人」と周りから呼ばれていましたが、Iさんはそうした声に動じず、かわらず「変わり者」のままでした。

CPUは抜群で、超一流大学の大学院を早期卒業し、直後に伝統的な日本企業に入職しました。そこでは、調和がなにより重視されており、上司や同僚の意見にすぐにもの申すために不調和音を引き起こし、上司の目の敵にされてしまい、パワハラ的な扱いを受け、一年も経たずに退職せざるを得ない状況に追い込まれました。退職後、しばらく単身アパートで一切の人づきあいをせずに、ネットでやりとり可能なプログラミングの仕事を請け負っていました。

三十歳のとき、その才能を惚れ込まれてスカウトされた外資系企業では、特殊な技術・才能を要する研究や技術開発の要として黙々と難題に取り組んでいます。Ｉさんが最初に入社した会社は今や外資系に買収されており、当時の先輩からＩさんに戻ってこないかとスカウトの声がかかっています。

10

「父が亡くなったら自分はどうなるのだろう」

四十歳でリストラされて以降、実家暮らしを始めた五十一歳の男性Jさん。母は二年前に他界し、いまは幾つかの病気を抱える八十歳の父と二人暮らしです。再就職のためにハローワークに時折、通っていましたが、不況の影響で職が見つからず、たまに短期のバイトをする以外は自宅にこもっています。

Jさんの貯金は尽きてしまい、いまは父の年金だけが頼りです。ゴロゴロしてばかりで体を動かさないためか、体重は二〇kg以上増え、たまたま風邪のため受診したクリニックで糖尿病を指摘されました。通院を兼ねた週一回の買物だけが、唯一の外出となっています。

ひきこもりの時代

1章 そもそも ひきこもりとは？

〝ひきこもり〟の歴史をひもといてみましょう。

「ひきこもり」という言葉で注目されはじめたのは一九九〇年代後半です。しかし私たちは、ずいぶん昔から、「数ヵ月にわたり学校に行かず、仕事に行かず、一日じゅう自宅にいる人」（あるいはそうした状況のこと）を、「ひきこもり」と称してこなかったでしょうか。

いつ頃から「ひきこもり」という言葉が使われるようになったかは定かではありませんが、ひきこもりという〝現象〟はすでに八〇年代、私が中学生だった頃には存在していたと思うのです。当時、『〇〇君の弟、ずっとひきこもっていて学校に行っていないんだって』というようなかたちで「ひきこもる」という言葉を使っていたように記憶しています、いわゆる不登校のことです。

「社会的ひきこもり」の誕生

実際には、「ひきこもり」が現在のように広く名詞として使われるようになったのは、一九九八年に精神科医・精神病理学者である齊藤環氏の『社会的ひきこもり――終わらない思春期』(PHP新書)が出版されてからではないでしょうか。

九〇年代後半といえば、私は「不肖の医学生」真っ只中でした。運動部で自分のメンタルの弱さに直面し、骨折を機に退部して、若干こころも折れて「巣ごもり」(?)あるいは「プチ・ひきこもり」(?)的な生活を送っていたのです。久しぶりに登校した大学の帰り道、生協に立ち寄った際にこの新書が陳列されていたことを、なんとなく覚えています。

ただし、「これは自分のことじゃないか?!」とまで思ったかどうかは記憶にありません。当時、プチひきこもり生活を送りつつ、春休みや夏休みにはさらに孤独(孤立)を強いられる一人旅に出かけていたのでした。

社会に参加しているか

齋藤環氏は「社会的ひきこもり」を「二十代後半までに問題化し、六ヵ月以上、自宅にひきこもって社会参加をしない状態が持続しており、ほかの精神障害がその第一の原因とは考えにくいもの」と定義しました。「六ヵ月以上、自宅にひきこもって社会参加をしない状態が持続」、これが何より重要な点ですが、曖昧でもあります。「学生という身分があるから、社会参加していないわけではないぞ!」という言い訳もいえるわけで、当時の私を振り返るのです。

いずれにしても、齋藤氏の提唱した「社会的ひきこもり」は、精神医療や精神医学の領域以外の専門家や支援者にも受け入れられる概念として広がったのです。

齋藤環氏の定義のなかで「ほかの精神障害がその第一の原因とは考えにくい」という言葉のインパクトは大きく、ひきこもりは精神医療・精神医学の範疇を超えて、医療ではないかたちでの支援が模索されはじめたのも、この頃です。いまだに精神疾患や精神医療に対する偏見やスティグマは、私たちの社会に残っています。であればこそ、この「ほかの精神障害がその第一の原因とは考えにくい」という言葉は、ひきこもっている当事者、あるいは、その家族に一縷の望みを与えてくれたという点で、とても重要な意義があったと私は思うのです。

こういう場合はどうでしょう？

社会人になった子どもが上京し、数年後不景気になり退職。実家にもどり、ひっそりと自室にこもって、昼間は一切外に出なくなった息子・娘に対して「我が子は精神疾患かもしれない?!」という不安や恐怖を多くの家族は抱きつつ、「いやいや、会社で嫌なことがあったから、その挫折で傷ついているだけ（と信じよう）。しばらくしたら以前のように元気になってくれるはず。ひきこもりは精神疾患が原因とは考えにくいみたいだし」という具合に考えてしまうのは、自然の成り行きでしょう。

人間には、万事ものごとを楽観的に捉えようという癖が備わっています。この癖のおかげで、私たちは多少の困難がありながらも、一喜一憂しすぎずに日常生活を送ることが出来るのです。ちなみに、この癖をもっていない場合には、うつ病や不安症になりやすいのかもしれません。

二〇〇二年、世界的に最も権威ある医学雑誌のひとつ『ランセット *Lancet*』誌で、ひきこもりがハイライトされました。ワッツ *Jonathan Watts* という英国のジャーナリストが、当時の日本におけるひきこもり現象に関して‘Public health experts concerned about “hikikomori”’というタイトルの記事を寄稿したのです。記事には、‘The Extremes of dropping dead or dropping out are not necessarily contradictory’という見出しが入っています。

大企業の倒産が相次ぎ、バブル経済が崩壊し、自殺者が三万人を超えたのが、一九九八年のことです。日本は大不況に陥り、過労死が社会問題となり、英国人記者はこうした社会問題とひきこもりを繋がりのある病理と捉えようとしたのです。見出しのなかのDropping deadは過労死を意味していると思われるので、見出しは「過労死とドロップアウト（ひきこもり）はいつも対極にあるわけではない、実は背中合わせなのだ」と訳すことが可能かもしれません。

あたらしいステージに

実際には、ひきこもり者が精神疾患を並存することは稀ではないということが、次第にわかってきました。たとえば、児童精神科医である近藤直司氏らによる精神保健福祉センターでの調査では、ひきこもり者に統合失調症、うつ病、発達障害といったさまざまな精神疾患を並存していたという結果が得られています。

こうした背景をもとにして二〇一〇年に、厚労省から「ひきこもりの評価・支援に関するガイドライン」〔研究代表者：齊藤万比古氏〕が発行されました。

このなかでのひきこもりの定義は以下になります。

様々な要因の結果として社会的参加（義務教育を含む就学、非常勤職を含む就労，家庭外での交遊など）を回避し、原則的には六ヵ月以上にわたって概ね家庭にとどまり続けている状態（他者と交わらない形での外出をしていてもよい）を指す現象概念である。なお、ひきこもりは原則として統合失調症の陽性あるいは陰性症状に基づくひきこもり状態とは一線を画した非精神病性の現象とするが、実際には確定診断がなされる前の統合失調症が含まれている可能性は低くないことに留意すべきである。

このガイドラインでは、ひきこもりの要因として、心理社会的要因や生物学的要因をあげており、生物‐心理‐社会モデルに立脚した支援アプローチの重要性を唱えています。そして、「原則として統合失調症は含まないもののその可能性も否定できない」としており、ひきこもり者に精神疾患の並存が稀ではないと宣言したという点で、このガイドラインは画期的でした。

このガイドラインにより、ひきこもり支援は次のステージにすすみました。しかしながら、このガイドラインだけでひきこもり問題が抜本的に解決したかというと、必ずしもそうではありません。いまだにひきこもり者の評価や支援は難しいのです。

2章 新しい「ひきこもり」の定義

そもそも、実際のひきこもりの現場では、「自宅からほとんど外出しない子どもが、精神疾患をもっているのかどうか」の評価は容易ではありません。二〇一〇年厚労省ガイドラインの定義のなかでは、「社会的参加を回避し」と記載されていますが、「回避しているかどうか」の評価はとても難しいのです。

たとえば、「することがないから家にいるだけで、人を避けているわけではない」とか「直接人と会うことはないけど、ネットでは友達がたくさんいる」と訴えて支援を拒否するケースが稀ではないことが、わかってきました。この本の冒頭に登場した大学生B君も、きっとそのタイプでしょう。

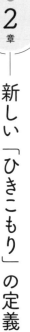

病的ひきこもりの誕生

そこで、こうした曖昧な状況を打開し、支援が必要なひきこもり状態にあるかどうかをスムーズに判断できるようにするために、最近、私たちは〈病的ひきこもり *hikikomori: pathological social withdrawal*〉の定義（診断評価基準）のドラフト（草案）を新たに作成しました【表1：巻末】。海外でも活用できるように英語版も作っていますが、ここでは、日本語版の定義の要点を記します。

> 病的な社会的回避または社会的孤立の状態であり、大前提として自宅にとどまり物理的に孤立している状況にある。こうした状況に対して本人が苦悩しているか、機能障害があるか、あるいは、家族・周囲が苦悩しているということが必要条件である。六ヶ月以上を「ひきこもり」とし、三ヶ月以上を「前ひきこもり」とする。外出頻度が週二−三回を軽度、週一回以下を中度、週一回以下でかつ自室からほとんど出ない場合を重度とする。併存症の有無は問わない。必須ではないが、社会的参加の欠如、直接的な交流の欠如、間接的な交流の有無の評価は重要である。

この新しい定義が、これからのひきこもり臨床や研究で広く活用されるようになればと願っています。

定義では、「外に出ないこと（物理的撤退）」を必須項目とし、それ以外は補足項目としました。外出の頻度に応じて重症度を新たに設定しました。「併存症の有無は問わない」とすることで、これまでの混乱の解決を試みました。つまり、精神疾患をもっていてもいなくても、病的ひきこもりの評価をできるようにしました。

現在のひきこもり状態が病的か否かの判断は、物理的にひきこもっている本人あるいは周囲（主に家族）がその状態に対して困っているか、あるいは、ひきこもっていることで学業、就労、あるいは日常生活に支障を来しているかどうか（つまり、機能障害の有無）が鍵になります。いくら物理的にひきこもっているといっても、すべてを病的とみなす必要はありません。

巣ごもりと「ひきこもり」は違う？

コロナ禍による外出自粛や非常事態宣言などにより、私たちのライフスタイルは大きく変わりつつあります。在宅ワークを余儀なくされている会社員、登校できずに自宅でオンライン授業を受けざるを得ない学生さんたち……。

「おうち生活」が奨励され、「ステイホーム《Stay at Home》」が叫ばれるなか、外出しないで日常的にずっと自宅にいる生活スタイルをマスコミでは〝巣ごもり〟と呼ぶようです。

ひきこもり臨床に関わってきた私へ、最近よく尋ねられる質問があります。

「巣ごもりとひきこもりって何が違うんですか？」

「このままいくと、わたしもひきこもりになっちゃうんじゃないのかって不安です」

「うちの子、このままひきこもりにならないかって心配です。ちゃんと学校が始まったら行けるのかしら」

こうした不安を抱いている方が少なくないようです。

ひきこもりと巣ごもりって、どこが同じでどこが違うのでしょうか？

こんな場合は？

いま、コロナ禍により外出自粛が奨励されています［連載掲載（二〇二〇年六月）時点］。私が住んでいる福岡市では二〇二〇年三月から学校が休校となり、子どもたちは昼間から「ステイホーム」の生活を余儀なくされる状況が続いていました。たとえば私の子どもたちは二ヵ月以上、ほぼ自宅だけの生活を送り、学校のお友達とも一切直接会わない（会えない）状況に置かれていました。五月末から登校が再開となりましたが、いまだ完全には、以前の状態には戻っていません。〈病的ひきこもり〉に該当するかどうか、私たちが作った新しい定義【表1：巻末】に照らしてみましょう。

【必須項目】物理的撤退
二〇分程度の自宅周辺の散歩は週に二～三回行っていたが、それ以外の外出頻度は週一回以下（とくに緊急事態宣言の時期）。［⇒該当する］
【必須項目】物理的撤退の期間

二ヵ月半 〔⇒三ヵ月を満たさず、「プレひきこもり（三ヶ月以上六ヶ月未満）」にはぎりぎり該当せず〕

【必須項目】物理的撤退による本人あるいは周囲の苦痛

外出しないことで家庭内ではかえって密になっており、孤独感を訴えることはなかったが、同胞間での喧嘩が増加した。親としては「こうした状況が続けば、学業に大きな支障が生じるのではないか」といった不安を抱いた。〔⇒該当する〕

【補足項目】

- 直接的交流：毎日家族との交流あり・家族以外との交流はほとんどなし。
- 間接的交流：電話・ＳＮＳを通じた交流あり。

○総合評価

「病的ひきこもり」には該当しないが、「プレひきこもり」に近い状態。

緊急事態宣言が解除され学校が再開され、我が子はなんとか学校に通い始めましたが、登校渋りする生徒もおられるようで、心配されている親御さんも少なくないと思われます。次回は、コロナ禍で〈病的ひきこもり〉にならないためのノウハウを考えてみたいと思います。

3章　ひきこもりではないと言えますか？

コロナ禍の遷延により、「身近な人がひきこもりになるのではないか」、あるいは「自分自身もひきこもりになってしまうのではないか」という不安を、漠然といだいている方がいるかもしれません。

コロナ禍による外出自粛により、いまも「物理的にひきこもりがち」な生活を余儀なくされている方が少なくないと思われます。私たちが独自に開発したばかりの【病的ひきこもり評価基準】に照らすと、緊急事態宣言があと数ヵ月延長されていたら、多くの国民が「プレひきこもり」と評価される状態になっていたかもしれません。

外出できないこと、外出を制限されることは、私たちに大きなストレスを与えます。そのストレスは、無意識的に感じられるものが多く、自覚できないことが多いのです。直接人と会うことが出来なくなったとき、私たちは「人恋しい」気持になります。この気持に蓋をしてしまうとストレスはどんどん増大してゆくかもしれません。

ということは逆に、こころの蓋に自覚的になることが〈病的ひきこもり〉の予防に繋がるかもしれません。

「孤独」と〝孤独感〟って一緒？

「孤独《isolation》」と〝孤独感《loneliness》〟の違いを考えたことがありますか。

「孤独」とは、「孤立」とほぼ同義であり、物理的にひとりぼっちの状況にある、その状態のことです。私たちが開発した〈病的ひきこもり〉の基準では、この物理的な「孤独・孤立《isolation》」を必須としました。

他方、孤独に「感」がくっついている〝孤独感〟とは、その孤立した状況にいる人が主観的に体験する、どちらからというとネガティブな情緒のことです。平たく言えば、「さみしい」「せつない」「人恋しい」といった形容詞で表現される気持です。

ひきこもり臨床において〝孤独感《loneliness》〟の評価は簡単ではありません。『僕は独りでも平気です！』と言いながらも、どこか寂しそうな、人恋しそうなひきこもり者に数多く出会ってきました。したがって、今回の評価基準では〝孤独感〟の存在を必須項目には入れませんでしたが、ひきこもり臨床では、一人一人のひきこもり者の物理的な孤立状況とともに〝孤独感〟を推し量り、本人は主観的には「孤独感がない」と訴えているとしても、なんらかの支援の手を差し伸べることが重要であろうと、私は考えています。

孤独感にフタをしてくれるモノ

ただし、具体的な対人的な支援の「手」がなくても、幸か不幸か、現代社会は〝孤独感〟「人恋しさ」を解消させてくれる（あるいは、忘れさせてくれる、蓋をしてくれる）モノで溢れています。コロナ禍で直接人と会うことが難しい状況になっても、実際には「人恋しさ」を感じていない人も多いことでしょう。

フェイス-トゥー-フェイス　かのように

一九九〇年代にインターネットというミラクルな技術が私たちの日常生活に登場して以降、リモートでの対人交流ツールが目覚ましい勢いで発展しました。九〇年代後半、ちょうど私が大学生でプチひきこもり気味だった頃、インターネットの第一次ブームが起こりました。ネット上の不特定多数のユーザーと文字で情報交換するＢＢＳ（Bulletin Board System）と呼ばれる電子掲示板が流行しました。

実は、私はこのＢＢＳを柱にした国際交流サイトを自ら立ち上げるなどして自宅にいながらにして世界中の人たちと交流できるという技術に、社交経験の乏しい学生ながらにして興奮を覚えていたのです。こうした学生時代でしたから、少なくともプチひきこもりになった最初の頃は「孤独感」「人恋しさ」を自覚することはあまりなかった、と当時の私を振り返ります。

今ではFacebook, Twitter, LINEといったＳＮＳ（Social Networking Service）が普及し、さらにはskype, zoomといったライブで双方向性の対人交流ができるツールの登場により、いとも簡単に世界中の人々とface-to-faceライクな対人交流が可能になりました。

コロナ禍の影響でこうしたツールの利用者が世界的に激増しています。もちろん、私自身もこうしたツールの恩恵に預かっています。緊急事態宣言の時期は、少なくとも週に数回はzoomなどを活用して講義したり、リサーチミーティングをしており、当初は「面とむかってのレクチャーや出張なんていらないのではないか?!」とさえ思いました。

ただし、いまはzoomなどを介した双方向性の顔をみることができるツールだけではやっぱり何かが足りないという「物足りなさ」に自覚的になっているのですが……（このあたりの心持については、後ほど触れたいと思います）。

ひたすら△△　ぼんやり◇◇

さて、〝孤独感〟を癒やすモノは、最先端のインターネットを活用したツールに限りません。古来、お酒は手軽に〝孤独感〟を癒やしてくれる大人の嗜好品です。子どもであれば、ただひたすらにテレビゲームやオンラインゲームに興じることで、直接友達と会うことができない辛さを自覚せずに済んでいるのかもしれません。スマホ世代の若者であれば、ぼんやりとSNSを眺めることで、コロナ禍での自粛生活を割と快適に過ごしていたのかもしれません。

実は、長年のひきこもり生活を余儀なくされているひきこもり者であっても、ひきこもりはじめの初期には〝孤独感〟「人恋しさ」を自覚しないケースが少なくないのです。アルコール、ゲーム、インターネット、SNSといったモノの恩恵に預かることで、かれらはネガティブな感情に苛まされることから回避できているのです。

しかしながら、こうした状況が数ヵ月、数年と続くと、病的ひきこもりと評価されるような状態へシフトする危険性が高まります。

4章 コロナ禍での病的ひきこもりのリスク

ひきこもりのきっかけはさまざまですが、人生における節目、あるいは何らかの長期的な休みがきっかけになり、〈病的ひきこもり〉に突入することが稀ではありません。このひきこもりの初期段階といえる時期に、本人あるいは周囲の者が「いまはひきこもりの初期段階だぞ！」と自覚的になることは、実は難しいのです。

卒業・転職を目指しての退職、引越、あるいは夏休みといった長期休暇、こうしたイベントがひきこもりの引き金になります。一、二週間のゴールデンウィークによって、通学や通勤といった日常生活に戻ることが困難になる現象のことを（医学用語ではありませんが）「五月病」といいます、このゴールデンウィーク休みも、ひきこもりの引き金になりえます。

ひきこもりの引き金

　さて、今回のコロナ禍、いかがお過ごしでしょうか（あるいは、お過ごしだったでしょうか）。コロナ自粛が解除され、以前の日常生活に戻っている方も多いことと思われます。他方、第二波・第三波が心配な状況にあり、ふたたび「自粛」することになるかもしれない、という不安を抱いておられる方も多いことでしょう。

　ひきこもり臨床と研究を実践している立場として、私は「コロナ禍」により余儀なくされた外出自粛生活が、少なくとも一部の方々にとっては〈病的ひきこもり〉の引き金になるのではないかと懸念しています。もちろん多くの方々は、とくに難なく日常に戻っていかれると思っています。しかしながら、「自粛」期間中に以下のようなことがあった場合には、注意が必要です。

病的ひきこもりリスク【チェックリスト】

□　ＳＮＳの利用時間が大幅に増えた
□　ゲームの利用時間が大幅に増えた
□　「孤独感」を強く感じるようになった

□ 「孤独」なんて（自分には）縁がない
□ 眠れなくなった、昼夜逆転した
□ 気分が落ち込む、憂うつになった
□ 飲酒量が大幅に増えた
□ 体重が５kg以上変動した
□ 自粛期間に入る前、学校や職場でストレスを抱えていた
□ 自粛期間に入る前から、学校や職場から逃げたいという思いがあった
□ 自粛期間に入る前から、生きがいをもっていなかった
□ 自粛期間に入りホッとした、あるいは、日常のストレスが大幅に軽減した

いかがでしたか？　12項目のうち何項目、あてはまりましたか？　現時点では一切エビデンスはありませんが、半分以上あてはまる場合には〈病的ひきこもり〉のリスクが高いかもしれません。

こうしたリスクに対して、具体的な対処法を身に付けることで〈病的ひきこもり〉になることを予防できるはずです。「コロナ禍」において病的ひきこもり状態に陥らないための対処法を、

このあと皆さんと考えていきましょう【13章】。

巣ごもりと病的ひきこもりを分けるもの

そもそも〈病的ひきこもり〉とはどのような状態なのでしょう。

さきに、私たちが新たに作った〃ひきこもり〃の定義を紹介しました。

現在のひきこもり状態が病的か否かは、物理的にひきこもっている本人あるいは周囲（おもに家族）がその状態に対して困っているかは？　あるいは、ひきこもっていることで学業・就労あるいは日常生活に支障を来しているか（つまり、機能障害の有無）？　を評価して判断することになります。いくら物理的にひきこもっていても、すべてを病的とみなす必要はありません。

職業的にひきこもり的な環境が適している仕事があります。宗教によっては、隠遁《hermit》を修行として課しているものもあります。小説家や芸術家のなかには、創造的活動のために敢えてひきこもり的環境に身を置くこともあるようです。私自身も、何かに集中的に取り組みたいとき、ふと、「ひきこもりたいなあ」と思わないわけではありません。

したがって、コロナ禍における外出自粛のなか、巣ごもっている状態が「物理的撤退」の定義を満たすからといって、すぐに〈病的ひきこもり〉と見なす必要はありません。

注意のむけどころ

新しい定義の補足項目には、「どのくらい社会参加しているか（就労や学業の有無）」「直接人と交流する機会があるか」「インターネットを通じた人との交流があるか」「孤独感をもっているかどうか」「精神疾患を並存しているか」といった評価が含まれます。補足項目を含む詳細な評価を実施することで、一人一人の状態に応じた個別性の高い適切なひきこもり支援を提供しやすくなることを期待しています。

今回の定義では、一人暮らしの高齢者や主婦も〈病的ひきこもり〉の基準を満たす可能性があります。冒頭に登場した、高齢ひとり暮しのHさんや、主婦のGさんのようなケースです。とくに中高年の「社会的孤立」は、孤独死といった無視できない重要な社会問題に直結しており、今回の定義がこうした人々の早期発見・早期支援にも役立つはずです。

「コロナ禍」のなか、ステイホームや人と物理的に距離をとることが「ニュー・ノーマル」と呼ばれはじめた社会のなかで、〈病的ひきこもり〉の評

価は、容易ではありません。しかしながら、いまこそまさに病的であるか否かの評価が求められる時代に突入したのではないでしょうか。

　こんな場合はどうでしょう。

昼間は悶々として自室にひきこもっていて、人目の少ない深夜に毎日二〇分程度、コンビニへ外出している。

　週四日以上外出しているため今回の狭義の定義からは外す、という考えもあります。当事者も「俺は毎日外出しているじゃないか！　ひきこもりじゃないぞ!!」と主張するかもしれません。しかしながら、こうした場合には、補足項目の「社会参加の欠如」や「対人交流の欠如」まで評価し、「病的ひきこもり」に類する状態として評価し、支援に繋げることが重要です。ちょっとした散歩やコンビニ外出があるだけで、「毎日外に出ているからひきこもりではない」と断定しないことが重要なのです。

　それでは次に、よくある例を見てみましょう［架空のケースではありません］。

すぐそこにある光景

Kさんは三十八歳の男性で、高齢の母親と弟との三人暮らしです。生まれた時からとくに問題があったわけではありませんが、幼少期は割と大人しい子どもでした。二歳ちがいの弟がいます。Kさんは、学校では、いつもリーダーの後ろについていくようなタイプだったと母親は振り返ります。

中学二年のとき、小学校からの付き合いのあった同級生から仲間外れにされ、新しい同級生からは疎まれるようになったそうです。平凡な生徒だったKさんは、地元の普通科の高校に合格。学校にはきちんと通い、とくに難なき学生生活を送っており、定期的に学校の行き帰りにクラスメートと交流する程度で、親友と呼べるほどの深い付き合いの友達はいませんでした。

高校二年のとき、父親が急に体調を崩して他界しました。とくに将来の目標はなく、周りが大学に進学するので、周りに合わせるように比較的入りやすい地元の大学に進学することにしました。

最初の一、二ヵ月は通学しましたが、徐々に授業には出席しなくなりました。二年目の終わりに中退。その後、知人の紹介で、アルバイトとして工場の仕事にほぼフルタイムで従事するようになりました。この仕事にはかなり真面目に取り組んでいたといいます。辞めた理由は、「三十歳を過ぎても不安定なアルバイトをしている自分を想像するに耐えられなかったから」ということでした。辞めた後、正社員の仕事を探し始めましたが、立て続けに就職試験に失敗し、ついには自信を失い、就職活動を続けることが出来なくなってしまいました。

就職活動を諦めてから五年間、家に閉じこもり、主に狭い部屋で四六時中オンラインゲームをしながら、だらだらとした生活を送っていました。母親とは食事中は会話しますが、同居する弟とは些細なことで喧嘩になり、数年来絶交状態になっていました。友達づきあいは皆無となり、近所付き合いも一切なく、昼間から自室のカーテンを閉めきり、外出は深夜コンビニにでかける程度で、それ以外は自宅にこもっていました。母親や親戚から『いつまでこんな生活を送ってるん！　早く仕事せんかい！　結婚はどうするとや?!』と言われ、傷つき、本人も仕事や結婚のことに悩み始め、ひきこもりはじめて四年目に入ると、塞ぎ込むことが多くなってきました。食欲はあり、睡眠も十分にとれていましたが、昼夜逆転を認めていました。知人が自殺未遂をしており、「自分も同じような目に遭うのではないか」と心配するようになりました。

早く「負け犬」生活から解放されたいと思い始め、ネット検索のなかで、自分は回避性パーソナリティ障害かもしれないと思うようになりました。心配していた母親がひきこもり支援センターに相談に来て、何度か相談し、本人もセンターで「助けてもらいたい」と思うようになりました。サポートセンターの勧めで、大学病院のひきこもり専門外来を受診しました。主な主訴は将来のこと（社会的責任を考えると憂鬱になる）、自分に自信がなく何事にも消極的であること、友人との接点が持てず、つながりが持てないこと、などでした。

精神科医や臨床心理士による数回のアセスメント面接を経て、社会復帰にむけた就労支援などを利用しながら、ひきこもる起源を探る週一回のサイコセラピーを開始することになりました。

どうして
こもるのだろう

5章 ひきこもる病い

私たちが二〇一九／二〇二〇年に公開した〈病的ひきこもり〉国際診断評価基準では、精神疾患（つまり、こころの病気）の有無は問わないことにしました。しかしながら、これまでの調査の結果から推測すると、少なくとも半分以上のひきこもり者が、なんらかのこころの病を抱えているであろうと思われます。

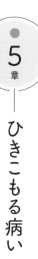

従来のひきこもり支援においては、ひきこもり支援機関と、こころの病気を治療する精神科や心療内科の病院・クリニックとの距離は近くありませんでした。いまでも、こうした状況が解消されたわけではありません。ひきこもりに並存しやすい「こころの病気」をひきこもりの支援者、家族、そして当事者が知ることは、ひきこもりの支援そして予防という観点からとても重要だと私は思うのです。

さきほどのKさんは、ひきこもりはじめて数年経ってようやく、自分がこころの病気かもしれないと思い至り、五年後にようやく医療機関に繋がったのです。Kさん、あるいはこの本の最初に登場したC君のご家族が「こころの病気」について適切な知識をもっていれば、より早く支援を求める行動につながったのではないでしょうか。

そこで、この章ではひきこもりと関連する「こころの病気」を紹介します。

統合失調症

幻覚・妄想を特徴とする代表的な精神疾患で、おおよそ百人に一人がこの病気を患うといわれています。十代後半から二十代といった青年期に発症しやすく、男性に多い傾向があります。ただし、三十代以降の発症も稀ではありません。

百年前は人格荒廃にいたる不治の病いとみなされて、「早発性痴呆 *dementia praecox*」と呼ばれていました。二十一世紀になり、現在では著効する薬が次々に開発され、リカバリーを目指す心理社会的支援も普及しており、治療できる病気になっています。

それはあまりにリアルで

幻覚・妄想は、本人にとっては否定しようのない生々しいリアルな体験です。冒頭のC君は、まさにこの世界に陥っているのです。

統合失調症では、「悪口を言われている」「消えろと命じられる」「隣人から自分を監視されている」といった自分を非難されるような幻聴や被害関係妄想が出現し、他者を恐れるようになり、安心感を伴う他者との交流が難しくなります。

幻覚・妄想といった陽性症状だけでなく「無為自閉」といわれる陰性症状も、病気の進行と共に出現します。活き活きとした感情の表出が乏しくなり、自分の殻に閉じこもりがちになるのです。統合失調症のこの閉じこもり症状を英語ではsocial withdrawalと記載しますが、このsocial withdrawalを「社会的ひきこもり」と翻訳している場合があります。

本書で取り扱っている「社会的ひきこもり」は直訳するとsocial withdrawalになり、私は以前の論文では、social withdrawal syndromeと訳していました。この両者の違いを際出されるために、最近私は統合失調症の陰性症状としてのsocial withdrawalを「社会的閉じこもり」と訳すようにしています。

こうした統合失調症にまつわる症状により、統合失調症をもつ患者さんでは、〈病的ひきこもり〉の基準を満たす方が少なくないのです。二〇一〇年の厚労省ガイドラインの定義では、「社会的ひきこもり」と統合失調症による症状としての「ひきこもり（閉じこもり）」状態を区別するという見解が示されましたが、実際の現場ではその区別は容易ではありません。幻覚や妄想をもっている当事者が、最初から「わたしは妄想を持っています」と訴えることはまずありません。当事者にとって幻覚・妄想はリアルそのものなので、みずからの体験を「これは妄想だ」「あれは幻覚だ」と客体化できないのです。

したがって、私たちが提唱した新しい「病的ひきこもり」の定義では、「統合失調症を含む精神疾患の有無を問わないこと」として、統合失調症であっても、物理的な撤退とともに社会機能障害あるいは本人あるいは周囲の者の苦悩が存在すれば〈病的ひきこもり〉と診断できるようにしました。つまり、統合失調症であるか否かがわからなくても〈病的ひきこもり〉として支援を開始できるようにしたのです。

統合失調症の治療薬のことを概して抗精神病薬と呼びます。統合失調症をもつ患者さんの脳内でどのようなことが起こっているかは未だ十分にはわかっていませんが、脳に存在する神経・シナプスの神経伝達を司るドーパミンの受容体をブロックする作用をもつ薬剤の投与により、幻覚・妄想が改善したという一九五〇年代の偶然の発見から、ドーパミン受容体ブロック作用を有する薬剤がつぎつぎに開発されています。新しい抗精神病薬は、ドーパミン受容体以外にさまざまな受容体に作用することで、幻覚・妄想の改善効果に加えて、いわゆる陰性症状の改善効果も期待されています。

つまり、統合失調症でかつ〈病的ひきこもり〉状態にある方に対しては、統合失調症の治療をすることが、ひきこもりの改善にも直結するのです。C君のように幻覚・妄想のために外が怖くて怯えて部屋に閉じこもっていた〈病的ひきこもり〉状態にある方が、抗精神病薬の内服により、異常体験が消退し、周囲への恐怖心が薄れ、外出できるようになり、社会との交流を再び持ち始めるのです。

うつ病

うつ病は統合失調症と並ぶ代表的な精神疾患で、おおよそ十人に一人が罹患するといわれています。こころが重くて憂うつで泣きたいような「抑うつ気分」と、これまで楽しめていた活動にさえ興味を喪失するという「アンヘドニア」が代表的なうつ病の症状ですが、うつ病ではその他さまざまな症状が出現します。

抑うつ気分　「憂うつだ」「気が滅入る」といった言葉で表現されます。日本では、抑うつ気分をみずから言葉で訴えることに抵抗する人が、少なくありません。したがって、口数が減った、うつむきがちになった、沈んだ表情などにより、周囲の観察により明らかになる場合が多いです。

興味または喜びの喪失（アンヘドニア）　「何をしても楽しめない」「味気ない」という言葉で表現されるように、以前は楽しめていた趣味や娯楽に対してさえも興味をもてなくなり、楽しみが感じられなくなります。学業、仕事、あるいは家庭でのことにも関心が乏しくなります。

体重あるいは食欲の変化　以前は好物であった食べ物さえも「おいしいと感じられない」という自覚とともに、食欲が低下し体重が減少してきます。過食の場合もあります。

睡眠障害　多くの場合、「寝つけない（入眠困難）」「途中何度も目が覚めてしまう（中途覚醒）」

「明け方には目が覚めてしまう（早朝覚醒）」といった不眠を認めます。過眠が起こる場合もあります。

焦燥あるいは抑制　じっとしていられずに足踏みを繰り返すといった焦り行動が出現したり、会話が減り口調や行動がスローになることがあります。

疲労感または気力の減退　「ずっとだるくて仕方ない」「気力がわかない」といった訴えや態度が認められます。

無価値感あるいは自責感　「自分はダメだ」「存在するだけで申し訳ない」といった考えに一日じゅう支配されます。

思考力や集中力の減退あるいは決断困難　「頭が働かない」「決められない」との訴えが出現し、訴えなくてもミスが増え、課題や業務が予定どおりにすすむまなくなり、こうした状況により学業・仕事・家事が困難になります。

自殺念慮・自殺企図　「自分は存在価値がないので、死んだ方がましだ」「申し訳ないことをしてしまったので、死ぬしかない」といったかたちで、死にたい気持が強まり（自殺念慮）、実際に自殺行動を起こすことがあります（自殺企図）。

うつの症状と うつ病

こうした症状を一時的に体験することは、誰にでもあります。精神科医である私でも、もちろん、周囲から注意されたら「凹み」ますし、自信作と思って提出した論文がリジェクトされて「俺なんか価値ないな」と思うような体験は日常茶飯事のことです。

ただし、うつ病ではこうした状態、とくに「抑うつ気分」と「アンヘドニア」といった症状が二週間以上続く、というのが診断のための必須条件になっています。九つの症状のうち五つ以上（そのうち「抑うつ気分」あるいは「アンヘドニア」のいずれかを含む）を満たす場合に「うつ病」と診断されます。

ここでいう「うつ病」とは、二〇一三年に米国精神医学会が発行したDSM-5の診断基準に基づく「うつ病」のことで、DSM-IVまでは「大うつ病性障害（大うつ病）」と表記されていました。

なお、うつ病と最終的に診断された方のなかで、最初から精神科や心療内科を受診する方は多くはありません。しかしながら、医療機関に一切訪れないのかというとそうではなく、体の不調を訴えて内科・整形外科・脳外科・婦人科といった身体科を受診していることが多いのです。

実は、うつ病では、さきに挙げた不眠・食欲不振・疲労感に加えて、頭痛・めまい・体の痛み・発汗・便秘・下痢などさまざまな身体症状（からだに出てくる症状）を伴うことが稀ではありません。ですから、うつ病を患ったとき、「自分がうつ病になったのでは？」と初期から自覚することは難しく、「からだの病気になったと思い、身体科を受診しがちなのです。この本の冒頭の優等生のDさんも、もしかしたら背後にうつを抱えていたのかもしれません。

くすりだけでなく…

このようにうつ病に罹患するとさまざまな症状が出現するのですが、こうした症状がひきこもり状態へ導く誘因となります。

たとえば、アンヘドニアは「外に出たい」「遊びたい」という気持の障害ですし、不眠になって生活リズムを乱し昼夜逆転してしまうと、朝の登校や出勤が困難になります。うつ⬇不眠⬇昼夜逆転⬇遅刻・欠席⬇罪悪感⬇うつ状態の悪化⬇休業・退職⬇病的ひきこもり、という悪循環が生じやすいのです。

うつ病に限りませんが、こころの病気の治療は、生物・心理・社会的な側面（bio-psycho-social model）に配慮しながらおこなわれています。

うつ病では、選択的セロトニン再取り込み阻害薬（SSRI）と呼ばれる副作用の少ない抗うつ薬が二〇〇〇年以降つぎつぎに登場し、くすりを内服しながら、学業や仕事に勤しんでいる人が少なくありません。

くすり以外のさまざまな心理社会的な治療アプローチも有効です。たとえば、考え方の癖を修正してポジティブな思考や行動パターンを学習する認知行動療法が普及しています。私は、無意識的な〝こころの癖〟を取り扱う、精神分析的なサイコセラピーを実践しています。精神分析的な治療は、認知行動療法に較べて長い歳月を要しますが、とくに、パーソナリティ（性格）の課題を抱えている抑うつ患者には、精神分析的なアプローチが効果を発揮すると思っています。

双極性障害（躁うつ病）

これは「気分の変調」を特徴とする精神疾患で、気分高揚・多弁・易怒性といった躁病エピソードと上述のうつ病エピソードを経時的に繰り返す病気です。とくに、うつ病エピソードの時期に、極端な活力低下のために、ひきこもり状態に陥ることがあります。

断続的にひきこもり状態とアクティブな状態を人生のなかで繰り返す場合には、双極性障害の可能性があります。

不安障害（とくに社交不安障害）

社会生活や人づきあいに強い不安を抱き、日常生活に支障を来す程度になると、不安障害と診断されます。

とくにひきこもりと関連の強い不安障害として「社交不安障害」があります。社交不安障害をもつ方は、人目を浴びるような社交場面で極端な恐怖や不安を抱きやすく、人前での立ち振る舞いにおいて「恥をかくのではないか」「拒絶されるのではないか」といった恐れを常々抱いているのです。こうした状況による生活困難が六ヵ月以上続くと社交不安障害と診断されます。

社交不安障害では人前で恥をかく恐怖が強く、しばしば、社交場面を回避しますが、こうした回避行動が極端になると〈病的ひきこもり〉の状態に陥ってしまうのです。

「強迫性障害」も不安障害のひとつです。不潔恐怖といった症状により、何度も確認行為をおこない、手洗いやドアの開閉に数時間を費やすという人もいます。こうした生活の困難により、外出が困難になり、ひきこもり状態に陥ることがあります。

不安障害の治療では、うつ病に準じて抗うつ薬や抗不安薬が用いられますし、認知行動療法などさまざまなサイコセラピーが実践されています。

発達障害

発達障害は、自閉スペクトラム症（ASD）と注意欠如・多動症（ADHD）に大類されます。両者、とくにASDではひきこもり状態に陥りやすいといわれています。

ASDをもつ人は生得的に、コミュニケーションや対人交流の苦手さがあり、他者の気持がわからないことが病気の中核にあるといわれています。したがって、交流相手とコミュニケーションギャップを生じやすく、幼少期から家庭生活や学校生活において対人交流上の困難を来しやすいのです。

親からすると、極端にわがままにみえて「育てにくい子」と感じられたり、逆に、いつもひとり遊びしているので「まったく手がかからない子」という印象をもつ場合もあります。学校生活では、友達づきあいの苦手さのために、集団から孤立したり、からかわれやすく、いじめや仲間外れといった傷つきを契機として、学校への行き渋りが生じ、不登校というようにすすんで、〈病的ひきこもり〉状態に陥りやすいのです。モノへのこだわりが強く、知覚過敏などもあります。

社会のなかで

近頃、「おとなの発達障害」という言葉が流行しています。

ＡＳＤをもつ人のなかには、知的能力が際立って高かったり、一芸に秀でていたりして、幼少期には「ちょっとかわっているけど、すごい奴！」というようなかたちで親や教師からチヤホヤされて、病的な側面がマスクされて、難なく社会人になったという一群の人たちがいます。冒頭のＩさんのような方です。

こうした方々をアスペルガー症候群と呼ぶことがあります。かれらは社会人になり、人間関係が複雑になり、ようやく対人関係の苦手さが明らかになるのです。一芸に秀でているので、与えられた業務に対しては高スペックなコンピュータのようにこなすので、周囲の賞賛を得ることが稀ではありません。

しかしながら、優秀で仕事ができる社員はいずれ管理職的な立場を嘱望されます。そして、管理職的な役割を与えられたときに、彼らは破綻しやすいのです。管理職には、部下への配慮・上司への気遣いといった相手の気持ちを推し量る能力がとくに日本社会では求められますが、ASDではこうした能力が障害されているのです。

そこで、上司や部下と衝突する場面が増え、こうしたストレスにより、人によっては二次的に抑うつ気分が強まり、うつ病を発症し、休職、そして、退職に至り、病的にひきこもってしまうというわけです。

もうひとつの発達障害

もうひとつの発達障害である注意欠如・多動症（ADHD）は、不注意と多動を主な症状とする生得的な病気です。

幼い頃から、落ち着きがなくじっとしていられず、衝動性が高いために癇癪《かんしゃく》を起こしやすく、忘れ物といった不注意に基づ

く行動が目立ちます。こうした傾向のために、教師から厳しく指導されたり、同級生からからかわれたりして、集団から孤立しやすく、ＡＳＤと同様に、二次的にうつ病を並存したりして、不登校というかたちで〈病的ひきこもり〉に陥りやすいです。

ＡＤＨＤでは、脳内のドーパミンの活性化異常が示唆されており、ドーパミンの活動を調整する薬剤が我が国でも処方できるようになっています。

居場所があれば…

ＡＳＤにしろＡＤＨＤにしろ、発達障害の支援においては「社会の抱える能力」という視点が重要です。

適材適所という言葉をみなさんご存じかと思います。今よりゆっくりとしたペースで社会活動がおこなわれていた時代では、みんなそれぞれ適材適所という具合に、自分の収まる適所（自分の居場所）がありました。いまは、社会のなかで自分の居場所をみつけることが難しい時代になっています。

私は正直申して「発達障害」という言葉が好きではありません。かれらに多少苦手なことがありながらも、適材適所が与えられるような社会になれば、「障害」者ととらえる必要はなくなるのではないかとさえ思うのです。かれらの「個性」を受け入れることができる寛容な社会が、今後ますます求められていると私は思っています。

うっかり屋さん

私は幼い頃、忘れ物ばかりする生徒でした（いまでもその傾向残存）。教師からすると「わざと忘れ物をして挑発しているんじゃないか！」「なんで、何度言ってもわからないのだ！」といった気持を抱かせやすい生徒だったようです。

運動音痴でしたが、学校の成績だけはかろうじて良かったので、小生意気に映っていたのでしょう。でも、わざと忘れ物をしたことは一度もありませんでした、いつもうっかり忘れていたのです。それでも、目の敵のように『かとう！』と呼び出され、叩かれていたものです。当時はまだ矯正の時代でした。叩いて恐怖を与えれば矯正されるという信念が当時の教育には根強かったのでしょう。

いま「発達障害」がハイライトされていますが、単なるレッテル貼りや新たな偏見づくりではなく、矯正時代の終焉と、かれらの「個性」を活かせる居場所づくりがすすむことを願っています。

PTSD　トラウマ

心的外傷後ストレス障害（PTSD）は、通常のストレスの域を超えたストレスを体験した後に発症する、強烈な恐怖・不安・悪夢といった多彩な症状を呈するこころの病いです。

そのストレス因として、命を脅かされるような犯罪被害・事故・被災・戦争、その他、性被害や身体的精神的虐待などがあります。こうしたストレス因から離れたあとも幾度となく、原因となる出来事の記憶の断片が、フラッシュバックとして不快な情緒を伴う体験として蘇り、過呼吸・発汗・動悸といったパニック様の発作が出現することがあります。

慢性的な不安や抑うつを伴いやすく、フラッシュバックを回避するために、人づきあいを回避してひきこもりに至るというケースが稀ではありません。

ＰＴＳＤの診断基準を満たさない程度のトラウマ的な体験でも、同様の症状を呈することがあり、この場合でも、ひきこもりへ導かれることがあります。特に学校でのいじめがひきこもりの誘因になります。冒頭のA君のようなケースです。発達障害をもつ者が遭遇しやすい仲間外れやいじめ・パワハラといったイベントが誘因になって引き起こされるひきこもりも、ここに該当します。

パーソナリティ障害

人間は、ひとりひとりが異なる性格を有しています。その性格が極端に偏っていて、本人あるいは周囲（主に家族）がその性格の偏りに対して困っているか、あるいは、その性格傾向のために学業・就労あるいは日常生活に支障を来している（つまり機能障害がある）場合に、パーソナリティ障害と診断されます。

私たちが以前実施した小規模の調査では、回避性パーソナリティ障害、妄想型パーソナリティ障害、依存性パーソナリティ障害、シゾイドパーソナリティ障害、反社会性パーソナリティ障害、境界性パーソナリティ障害、自己愛性パーソナリティ障害、統合失調型パーソナリティ障害と、じつにさまざまなパーソナリティ障害が、実際のひきこもり者に並存していました。

とくに、回避性パーソナリティ障害との並存を高頻度に認めました。そもそも、二〇一〇年の【ひきこもりガイドライン】における〝ひきこもり〟の定義には「〜〜を回避し……」という文言が入っているわけですから、当然といえば当然の結果ともいえます。

米国の精神科医ロバート・クロニンジャー *Robert Cloninger* は、パーソナリティの構成因子として大きく二つ、生まれながらにもっている気質 *temper* と、人生上のさまざまな経験を経て後天的に獲得された性格 *characteristics* を挙げています。

パーソナリティは環境によって育まれるという点がとくに重要であろうと私は思っています。欧米諸国で実施された疫学研究などにより、「境界性パーソナリティ障害」の患者では、幼少期に虐待などトラウマ体験を高頻度に経験していることが明らかになっています。

三つ子の魂百までというように、パーソナリティは大人になってから容易にかわるものではありません。したがって、パーソナリティ障害の治療には、パーソナリティに働きかける精神分析を筆頭として、歳月を要するサイコセラピーが効果的です。副次的に生じやすい精神症状に対して、くすりでの治療も一緒におこなわれることがあります。

6章 ひきこもり　こもごも

さまざまな精神疾患でみとめられる行動のなかで、もっとも深刻なものが「自殺」です。疫学的なデータはありませんが、ひきこもり者の自殺例は数多く報告されています。

ひきこもりと自殺との関係は十分には解明されていませんが、たとえば、ひきこもり者に並存しやすいうつ病では希死念慮が昂じて、自殺行動に至ることがあります。ひきこもるという行為が自殺の前兆症状という可能性もあります。

日本在住の十五〜三十九歳の若者五千人を対象とした意識調査のデータを用いた最近の二次分析研究では、ひきこもり状態にある人では自殺念慮を有する人が多いことを明らかにしています。

以前、ある国の外交官と話したとき、こうおっしゃっていました。'hikikomori seems to be a passive suicide.'（ひきこもりは「自殺の代替行動」かもしれない）……深く考えさせる言葉です。冒頭での退職後失踪したEさん、どうしても自殺の可能性を精神科医として考えざるをえません。生き延びるために、どこかひきこもる居場所を見つけて欲しいとも願うのです。

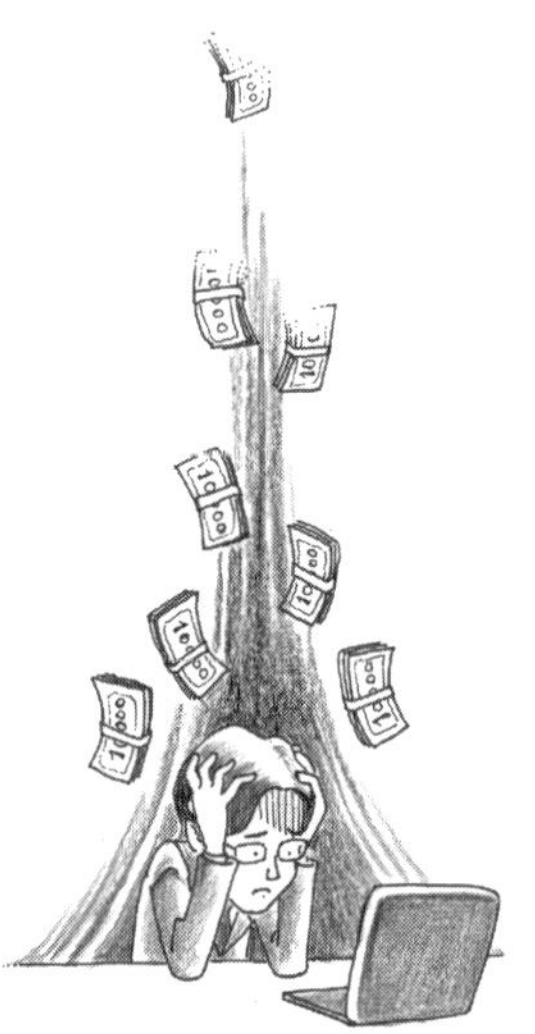

からだの病気によって

こころの病いをもっていなくても、交通事故や身体の障害により物理的に動くことができない場合には、当然ですが、物理的にひきこもらざるを得なくなります。からだの病気で身体的な疲労や痛みが大きい場合もしかりです。

疫学データはありませんが、私の臨床経験に鑑みますと、皮膚炎（とくにアトピー性皮膚炎）、極度の発疹（じんま疹）、あるいは顔に症状があらわれる皮膚疾患の場合には、人づきあいを避けてひきこもりがちな生活に陥ることが多いようです。また、過敏性腸症候群、潰瘍性大腸炎、クローン病などの消化器疾患もひきこもり状態に陥りやすい病気ではないかと私は考えています。そういえば優等生Dさんの不登校も、腹痛が誘因でした。腹痛を避けるため、あるいは、自分の容姿を過剰に気にして拒食に陥るといった摂食の問題は、いまはこころの病気として捉えられており、こうした方がひきこもり状態になることも稀ではありません。

依存の問題

気持が塞ぎ込んだとき、現実逃避したいとき、私たちは何かに頼りたくなります。容易に頼ることができて、しかも快楽をもたらしてくれるモノに、私たちは虜になります。こうしたモノは、束の間の幸せを与えてくれますが、その快楽から逃れることが困難になり、社会生活および精神活動に影響を及ぼす程度になると、病気とみなされます。

アルコールや薬物による依存症は昔から知られていましたが、現代社会においては、「ネット依存」が大きな社会問題になっています。一九九〇年代後半にキンバリー・ヤングという米国の女性心理学者が「インターネット依存」という症候群の台頭に警鐘を鳴らしましたが、いまや世界中に拡がっています。近年では小中学生でもスマートフォン（スマホ）を所持する時代になり、ゲームも、オンラインで接続されるものが主流となり、スマホ依存・ゲーム依存といった新しい症候群が台頭しています。ゲーム依存はＩＣＤ-11という国際診断にも取り入れられました。

こうした依存症により、いまから呈示するＬ君のように、問題行動が勃発し、病的なひきこもり状況に陥ることが稀ではありません。

中高一貫校に通う高校二年生のL君

転勤の多いエリートサラリーマンの父は、L君が中学一年の冬から単身赴任で、いまL君は、心配性で過干渉な母親との二人暮らし。一人っ子で元来おとなしいL君は、クラスでは、ゲームの話をする程度の友達が二、三人いますが、学校が終わると早々に帰宅し、ぱっと宿題を終わらせて、そのあとは毎晩、ゲームばかりしていました。週末のゲームの時間は一〇時間を越えることもありました。

専業主婦として家事と子育てを一手に任されていた母は、ゲームばかりして成績が低下してきたL君に『ゲームばかりしていてどうするの？　勉強しないとX大学に受からんよ！』と叱責するようになりました。母親はL君をエリートの道にすすませることが母親としての責務と、おのずと考えるようになっており、その責を果たそうと必死でした。L君をなんとか名門のX大学に進学させねばと躍起になっていたのです。幼い頃からの習い事も、中学受験も、もちろんL君本人の希望ではなく、母親からの押しつけでした。

久しぶりの自宅に立ち寄った単身赴任の父は、L君の成績低下を知るやいなや、『おまえはいったい誰に似た

のか?!』と、成績の低下を揶揄され、『成績が戻るまでは絶対にゲームするな!』と、ゲーム機を没収されることになりました。父の前では従順を装うL君でしたが、このときばかりはさすがに『勉強するから、やめて!』と必死に懇願しましたが、L君の訴えは叶えられませんでした。数日の父親滞在中は、勉強をアピールしていました。

父が赴任地に戻り、再び、母と妹との三人暮らしが始まりました。ある日、ゲームができない苛立ちが募り、母親に『ゲームを出せ!』と言い寄りました。母親が『なに言っているの! あんたのせいで「わたしの子育てが悪かった」って、お父さんから責められるんだから!』

そして母親が『成績が上がるまでは絶対にゲーム渡さないからね!』と言うや、L君は『オレはおまえたちのいいなりじゃねえ!』と、母に殴りかかったのでした。それから、学校に行かない日が二週間以上続いています。

L君のようにひきこもり関連の症例では、「暴力」というかたちで〝攻撃性〟が表出されることがあります。ひきこもるというアクションも〝攻撃性〟の表れのひとつとも言えますが、物理的な「暴力」に対しては、精神医療の範囲だけでは対応が難しいことが稀ではなく、児童相談所・警察などの公的機関との連携も場合によっては重要です。「暴力」を伴うケースでは特に早期の相談をお勧めします。

白と黒のあいだに

こころの病気を理解するうえでひとつ、大事なことに言及したいと思います。それは、こころの病気は白黒はっきりと区別するのが難しいということです。

感染症であれば、外界に存在する細菌やウイルスが体内に入ったかどうかを調べることで、その病気なのかそうでないのかを判別することが可能です。直近のことを例に挙げると、COVID-19とよばれる新型コロナウイルスが体内にあるか否かをPCR検査で調べることで、コロナウイルス感染症であるか否かが白黒はっきり区別できるのです。他方、ほとんどの精神疾患の診断は、このように白黒きれいに分けることができるような診断システムではありません。

たとえば、さきほどのうつ病ですが、米国精神医学会による厳密な診断基準DSM-5では、九項目のうち五つ以上の項目を満たすことが「うつ病《*major depressive disorder*》」の必須条件でした。つまり、四つだけ満たしている場合には厳密には「うつ病」と診断されないわけです。かといって、「五つの基準を満たして『うつ病』と診断される人」と「四つの基準を満たしながら『うつ病』と診断されない人」とが臨床的に大きく違うかというとそうではありません。四つの基準しか満たさない抑うつ患者（閾値下うつ患者）の方が、「生きづらさ」を強く持っているかもしれないのです。

発達障害、不安障害、そしてパーソナリティ障害も然り。こうした状態を私たちはグレーゾーンと呼んでいます。

グレーゾーンの苦しみ

厳密には診断基準を満たさないけれども、幾つかの症状を有しているグレーゾーンにいる人の方が、苦悩しているかもしれないということへの配慮は、とくにひきこもり臨床では大事だと私は思っています。

二〇一〇年に国内外の精神科医を対象として、ひきこもりに関するアンケート調査をおこないました。

のちほど詳しく述べますが、典型的なひきこもり症例のビネット（架空の症例を短くまとめたもの）を精神科医に読んでもらい、そのあとで「精神科医としてあなたはこの人を治療しますか?」と尋ねてみたのです。すると、一割の日本人精神科医は「なにもしなくてよい」と回答したのです。他方、「なにもしなくてよい」との答えは海外の精神科医からはほとんど返ってきませんでした。

二十年近くひきこもり生活を続けていた方との初回面接で、印象深いエピソードがあります。『十年くらい前にじつは一度、精神科に行ったことがあるんです。でも、その先生から「病気じゃないからもう来なくてよい」と言われました。それで、結局なにもせずに今に至っています』という類いのことを当事者とその家族がおっしゃっていました。十年前になんらかの支援が始まっていたら、いま、その彼はひきこもり状態から脱出して別の人生を歩んでいたかもしれないのです。

さまざまな支援の活用

こころの病気があろうがなかろうが、本人がいまの状態に「生きづらさ」を感じ苦悩しているなら、なんらかの支援が必要であろうと私は思うのです。

もちろん、こうしたグレーゾーンにいる方々の支援を、精神科医による精神医療の枠組だけでおこなう必要はありません。心理臨床でおこなうか？　居場所づくり・就労支援といった社会的資源を活用するか？　あるいはセルフヘルプ・アクションを提案するか？　こうしたさまざまな支援を提供しうるのです。

ひきこもり者のさまざまな支援の可能性については、のちほど詳しく述べたく思います。

新しいタイプの抑うつ症候群

「グレーゾーン」の意義をお伝えしましたが、日本における精神科臨床においてここ十数年話題になっているグレーゾーン問題をひとつ紹介しましょう。

従来の日本における典型的なうつ病は、責任感が強く勤勉・生真面目・凝り性といった性格傾向を有する中高年でした。こうした方々が「モーレツ社員として社会・会社のために尽力し——おそらくはそうしたなかでの過剰適応などのストレスが引き金になって抑うつ状態に陥り——それでも『自分はうつ病なんかじゃないぞ！　弱虫じゃない！』と最後まで気力を振り絞り——最後の最後に二進も三進も行かなくなって——自殺企図などによってようやく精神科受診に繋がる」、これが典型的な日本人のうつ病プロトタイプでした。冒頭のEさんがその典型例です。

従来のメランコリー気質

一九三〇年代に九州帝国大学精神病学教室の教授だった下田光造がこのようなうつ病になりやすい性格のことを「執着気質」と名づけました。時代はすすみ、一九七〇年代にドイツの精神科医・精神病理学者であったテレンバッハは「メランコリー気質」と呼ばれる、うつ病に特徴的な性格傾向を提唱しています。

執着気質・メランコリー気質が背景にあるうつ病患者は、たいてい「自分は病気なんじゃないぞ!」という具合で、発症前後の時期には「うつ病」という病気そのものを認めることは稀です。多くは、みずから積極的に受診することはなく、家族など周囲の者が治療をすすめても、頑なに受診を拒みます。

このタイプのうつ病患者は、自殺の危険が高いのですがいったん治療が始まると抗うつ薬への反応が良好なことが多く、薬と安静療養により、回復へとむかいます。

ディスチミア気質の台頭

二〇〇〇年頃から日本ではこうした従来の執着気質・メランコリー気質とは異なる病前性格をもつ抑うつ症候群が、とくに若年層を中心に台頭してきました。

樽味伸は新しいうつ病の疾患概念として「ディスチミア親和型うつ病」を提唱し、その病前性格（ディスチミア気質）として、「もともと勤勉ではない——社会におけるヒエラルキーや階級を毛嫌いしたり避ける——社会的な役割のない状態を好む——他罰的傾向——漠然とした万能感」といった特徴を挙げています。

その特徴は、場面・状況依存的な抑うつ気分の出現や、回避傾向、自己愛傾向です。職場や学校でのストレスフルなライフイベントに対して容易く抑うつ症状を呈し、早退・遅刻といったさまざまなかたちで就労・学業に支障を来すのですが、いったん職場や学校を離れると、抑うつ症状はすぐに軽減・消退し、アフターファイブや週末などには割と快適に生活できるのです。

こうした状態にある学生や社員に対して、関係者の意見は「うつ病なら休んでもらいましょう」という擁護的なものから「生仮病ではないか？」と非難的なレッテルを貼ったりするものまでさまざまで、現場では意見が対立し錯綜し、対応に苦慮しており、産業衛生・学校保健上の懸案事項になっています。

こうした状態が長引くと、休職や不登校という状態に陥り、自宅にひきこもり社会活動できない状態が半年以上続けば、〈病的ひきこもり〉と診断されかねない状態にいたるケースも稀ではありません。冒頭の例でいえば、若手会社員Fさんのようなケースです。

このタイプはメディア等で「新型うつ／現代型うつ」として大々的にマスコミなどで取りあげられました。しかしながら、当時、精神医学的には「どのように捉えて、どのように対応すべきか」といった共通の見解がありませんでした。

じつは無念なことに、樽味さんは、この新しい疾患概念を発表したその数カ月後、突然の心臓発作にて急逝してしまったのです。私は、ちょうどその頃、九大精神科の中のサロン的居場所であった精神病理研究室で、樽味さんの後輩として隣にデスクを構えておりまして、その当時の無念な思いを今でも忘れることができません。

私たちは樽味さんが残した萌芽的ながら画期的な概念を精神医学・精神医療の発展に組み込むことができるように微力ながら活動してきました。まずは「ディスチミア親和型うつ」およびマスコミなどで報じられていた「新型うつ」「現代型うつ」を総じて〈現代抑うつ症候群〉と暫定的に命名し、その疾患概念を整理してきました。

グレーゾーンの早期受診

〈現代抑うつ症候群〉の人は、みずから積極的に抑うつ感を訴える傾向が強く、初期からクリニック（精神科や心療内科に限りません）をみずから受診し、学校や会社を休むための診断書の作成を依頼してくることが多いです。実際に、クリニックで「うつ病」と診断され、即時病休となり、抗うつ薬の治療が開始になることが、日常臨床においては稀ではありません。早期介入という観点から、かれらの「早期受療行動」は評価されるべきアクションです。

重要なのは、現代抑うつ症候群の多くが「うつ病（大うつ病）」の基準を満たさない閾値下のうつ、つまりグレーゾーンにいるということです。樽味が指摘しているように〈現代抑うつ症候群〉の患者は抗うつ薬への治療反応は概して芳しくないのです。

〈現代抑うつ症候群〉傾向のある人から診断書作成を求められた際、緻密な精神科診断法（単なるチェックリストではない）に精通した精神科医であれば、あえて「うつ病」という病名ではなく、「うつ状態」「ストレス反応」「状況反応」といった暫定の診断名を記載するはずです。

かれらに「適応障害」という病名がくだされることも多々ありますが、厳密な「適応障害」の診断は勉強すれば勉強するほど難しく、私はこの診断名の使用を極力さけるようにしています。「適応」というのは、そもそも、その人が置かれた文化社会的背景によって異なっています。Aという会社に適応できなかった人が、Bという会社でも適応できないとは限らないのです。

いずれにしても、こうした病名で休学・休職のための診断書が出されている症例が私の外来に紹介された際には、〈現代抑うつ症候群〉の可能性を考慮するようにしています。〈現代抑うつ症候群〉の評価には、その「病前性格」の把握が肝心です。こうした傾向を把握するためには、成育歴・生活歴・現在の生活状況などを時間をかけて聴取する必要があり、短時間・短期間の面接で評価することは容易ではありません。

こうした困難な状況を打開するために、私たちは、現代抑うつ症候群の病前性格を簡便に把握するための自記式質問票（TACS-22）を開発しました【表2】。その過程で、現代抑うつ症候群における特徴的な性格傾向として「社会的役割の回避」「不平不満」「自尊心の低さ」といった三つの因子を見出しました。日本大学の坂本真士らは、現代抑うつ症候群においてＩＰＳスケールという尺度を独自に開発しており対人過敏傾向・自己優先志向の高さを指摘しています。

「現代抑うつ症候群」では、古典的なうつ病の治療法として確立されている安静療養や薬物療法だけでは慢性化し難治化しかねず、それこそ〈病的ひきこもり〉へ導きかれかねません。したがって、パーソナリティの成熟を促しうる精神療法（とくに集団精神療法）や日本社会への適応力を高めるプログラムも盛り込まれている「リワーク」といった心理社会的支援が有用です。

現代抑うつ症候群は、一九七〇年代から一部の青年に見られた「退却神経症」（笠原嘉）、「逃避型抑うつ」（広瀬徹也）、「未熟型うつ病」（阿部隆明）、「現代型うつ病」（松浪克文）と類縁関係にあると想定されますが、その症例数が圧倒的に多いという点で、とくに一九七〇年代以降の養育や学校教育（たとえば「ゆとり教育」）などと関連があるのではないかと、私は考えています。ひきこもりがハイライトされた時期と現代抑うつ症候群が台頭してきた時期が重なるということは意義深いことです。

私たちは、現代抑うつ症候群の特徴として「社会的役割の回避」「不平不満」「自尊心の低さ」を見出してきましたが、こうした特徴は、少なくとも一部のひきこもり者の特徴と言っても過言ではありません。私は、ふたつの症候群にはこうした共通のこころの基盤があると思っています。

病気としてとらえるなら

どの程度がこころの病気？

診断閾値未満のグレーゾーンを含むと、七、八割のひきこもり者がなんらかの「こころの病気」を抱えているのではないか、と私は思っています。以前実施したパイロット調査では、大うつ病性障害（うつ病：大うつ病）、回避性パーソナリティ障害、妄想性パーソナリティ障害、社交不安障害、気分変調性障害、心的外傷後ストレス障害（PTSD）が高頻度に併存していました。その併存率は七、八割に及びましたが、二割は精神疾患を認めませんでした。うつ病と社交不安障害の両方の診断に該当するなどのオーバーラップ症例も珍しくありませんでした。その他、三〇〇名規模の調査でも、統合失調症圏・気分障害圏・不安障害圏の精神疾患や、パーソナリティ障害および広範性発達障害の併存を認めたという報告があります【図１】。

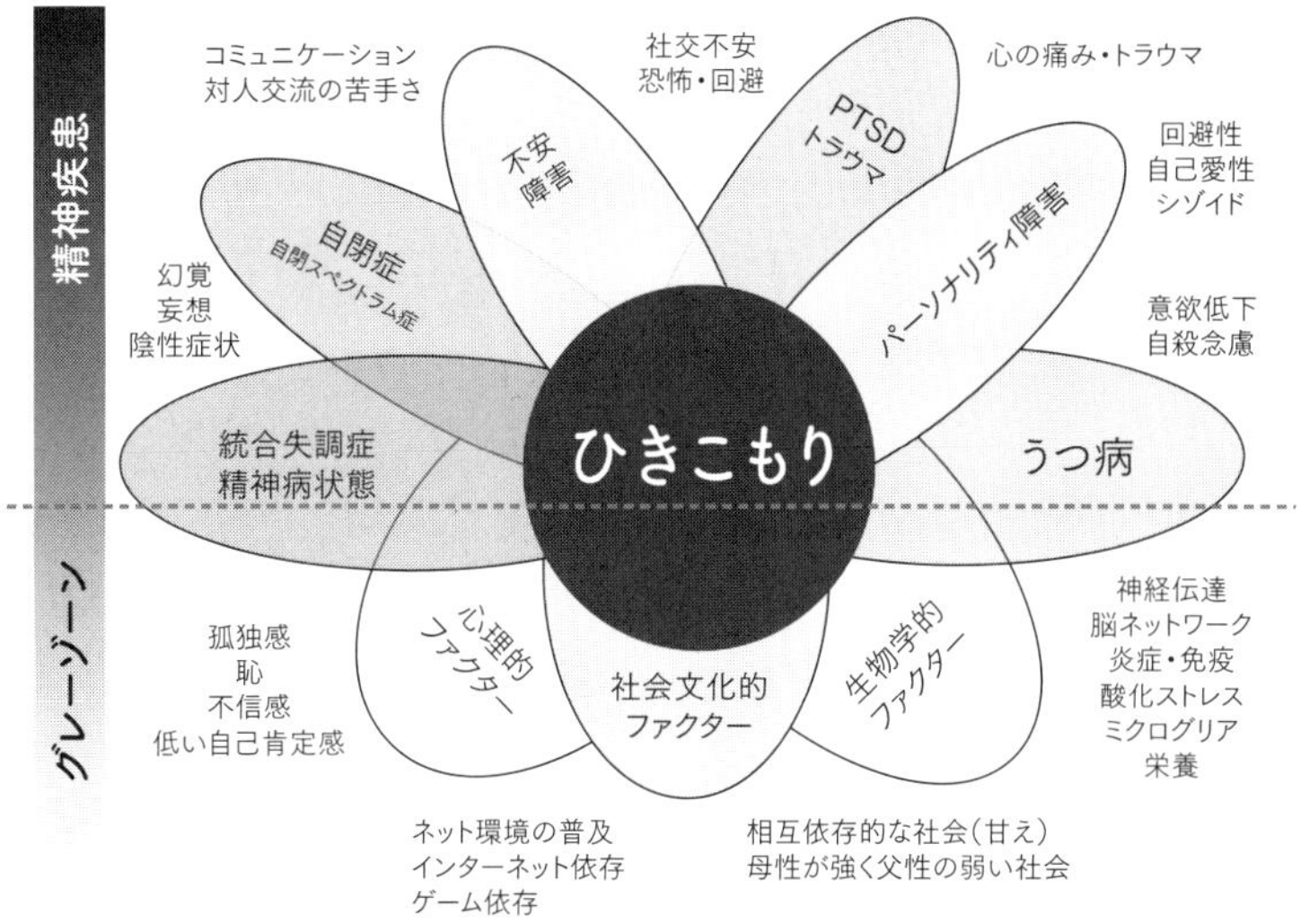

図1. ひきこもりの多面的病態モデル
（Kato, Kanba, Teo: Psychiatry and Clinical Neurosciences 2019より引用・改変）

ひきこもりがこころの病気をつくる？

前述のように、多くのひきこもり患者は「グレーゾーン」に陥っており、精神疾患の正式な診断がないからといって、精神的な苦痛（苦悩）がないわけではなく、なによりもその苦痛を十分に考慮する必要があると考えます【図２】。

一方で、ある種のひきこもりは、社会的状況や社会的判断を伴うストレスの多い状況に対応するための回避戦略に近い、特定の種類の対処戦略であるかもしれません。その意味では、これらのタイプのひきこもりは、それじたいが障害ではないかもしれません。しかし、同時に、その状態が長引くことで、やがては障害へと変化していくこともあります。

このようにしてひきこもり現象を理解することは、〝ひきこもり〟を単にそれじたいの障害として、あるいは自閉症のように他の障害の症状として扱うのではなく、現象の本質をある程度明らかにすることにつながると考えています。

精神疾患と診断されない状況でも何らかの心の苦しみをもっていることがしばしばです。グレーゾーンの方こそ、「生きづらさ」を抱きやすいかもしれません。

図2. ひきこもりとこころの病（精神疾患）

あなたも
わたしもひきこもり

7章 ところ変われば？

ある特定の文化社会だけに見受けられる精神疾患があって、「文化結合症候群 *culture-bound syndrome*」と呼ばれています。日本では「対人恐怖症」が日本の文化社会における文化結合症候群として国際的に知られています。たとえばお隣の国、韓国では「火病（ファビョン）」と呼ばれる中高年女性に見受けられる怒りと身体症状を特徴とする文化結合症候群が指摘されていたりもします。

そうしたなかにあって〝ひきこもり〟も従来は、日本にだけ存在すると思われてきました。「対人恐怖症」と同じように、日本社会における文化結合症候群のようなものと思われていたのです。

いずこの空の下にも

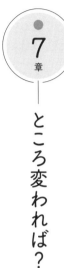

お隣同士で文化社会的に共通点が多い日本と韓国との間では、精神分析家の西園昌久先生と韓国の闘乗根先生が立ち上げた研究会により、精神科医同士の交流が続いています。私は二〇〇六年の研修会で、韓国にも「隠遁 *Oiettolie*」と呼ばれるひきこもりと類似する症候群が存在することを知りました。

二〇〇九年、シンガポールで開催されたうつ病に関する国際会議にオーガナイザーのひとりとして出席したとき、知り合いになった現地の若手精神科医に日本でのひきこもり現象を紹介したところ、彼は次のように即答したのです、『シンガポールにはひきこもりなんて存在しないよ、とくに成人男性においてはね。兵役があるから』と。

同年、スペイン・バスク地方の友人を訪ねた際、三十歳代の女性精神科医は、私にこう語ってくれました、『ひきこもりって日本で流行っているんでしょ、スペインでも最近ケースレポートが報告されたのよ』と。帰国後、文献を当たってみると、たしかに、スペイン、そして、オマーンでも、ひきこもりに類する症例が報告されていたのです。

ロサンゼルス在住の英国人映画監督ローレンス・スラッシュ *Laurence Thrush* は、日本のひきこもり現象を題材にした「扉のむこう *Left Handed*」という映画を二〇〇八年に制作しています。

この映画は、実際にひきこもり経験のある少年を主人公に抜擢し、ひきこもりに至る少年と、世間体を気にしながら息子の対応に戸惑う母親、不在がちな父親、塾通い、いじめなど現代の日本が抱える家庭・教育現場の課題を露呈し、ひきこもり現象の背後に潜む現代の日本社会の有様をうまく捉えています。チラシのキャッチコピーは、「ひきこもりを生む恥の文化」となっています。この映画は、オクスフォード大学、京都大学、ミシガン大学で上映されています。私は、二〇〇九年のアジア映画祭（@福岡市）の上映会で観ました。この映画は英国人監督とSIZEのエグゼクティブプロデューサー齊木貴郎氏との共同製作でして、上映会のあと齊木さんとお話しする機会がありました。Left Handed（左利き）という英語タイトルが、邦題では「扉のむこう」になっていることに、私はとても興味を持ったのです。「左利き」は病気ではありません、しかし、それが矯正される文化社会を「恥の文化」とこの映画では表現していると私は感じました。おすすめの映画です。

二〇一〇年には、オックスフォード英語辞書に‘hikikomori’が次のようなかたちで登場しました。In Japan: abnormal avoidance of social contact; acute social withdrawal; (also) a person, typically an adolescent male, engaging in this; a recluse, a shut-in.

世界初の国際調査研究

このように、ひきこもりに関することがこの時期重なり、私は、ひきこもり者が海外にも広く存在するかもしれない?! という空想を強くして、次のような疑問を明らかにしたいと思い始めたのです。

- 日本人特有の文化結合症候群とも見なされてきた日本でのひきこもりは、日本国内ばかりでなく、文化社会的背景の異なる海外においても存在するのではないか?
- もし、存在するとしたら、何がその要因で、治療的介入はどのようになされるのか?
- 各国のひきこもりに、なんらかの共通因子は存在するのか否か?

二〇一〇年、こうした疑問を解明し、現代のひきこもりに対する新たな効果的なアプローチを見出すための初めの一歩として、国内外の精神科医を対象とした初の国際共同調査立ち上げることにしました。幸いにしてこの研究は、世界精神医学会 *World Psychiatric Association* からの国際調査助成を得て実施することができたのです。

調査票では、成人と未成年における〝ひきこもり〟のケースビネット（典型的なひきこもりケースが手短に記載された文章）を提示し、それぞれのケースにおける回答者の国での頻度（存在するか否か?）、考え得る原因、精神医学的診断、予後（自殺の危険性）、および、介入（治療）に関して回答してもらいました。

具体的には、以下のそれぞれの症例を呈示したあとに、「精神科医のあなたのもとに、M／Nさんとその家族が来院したと想像して、以下の設問に答えてください」という設定で、各質問に回答してもらいました。

十五歳のMさん

主訴（両親）：「私たちと関わろうとしない」「部屋から出てこない」
生活歴：Mさんは、二人同胞の長男として、会社員の父親とパートの母親の元で養育されています。営業職の父親は二、三年おきに転勤があり、家族ともに引っ越していましたが、Mさんが中学入学を機に、単身赴任しており、現在、母親と三歳年下の弟とで暮らしています。これまで生育上で問題を指摘されたことはなく、成績は中等度で悪くはありませんでした。元来、友達を作るのが苦手で、運動よりは本を読んだりすることが好きなタイプでした。中学一年の秋から急に学校に行かなくなりました。家では、テレビゲームやインターネットに浸っており、自室から出ることはほとんどなく、昼夜逆転の生活を送っています。

精神科既往：なし

家族歴：特記事項なし

現病歴：不登校になり、中学二年になろうとしているMさんでしたが、高校受験を間近に控え、父親が単身赴任先から帰って来たときに、『たまには学校に行ってみたらどうだ。将来どうするつもりだ！』と注意を促したところ、『おまえなんかに言われたくない』と怒鳴り声を上げ、突然父親に暴力を振るいました。父親があっけに取られている隙に、自室に再び引きこもりました。数日後、意を決した両親は、Mさんを強引に引っ張り出して、精神科医のあなたのもとへ受診してきました。

薬物使用その他：なし

初診時の現症：Mさんは両親の間に入れられ、ただ黙って俯いていました。両親は『よろしくお願いします』と一礼し、Mさんの生活歴・病歴を語りました。Mさんは、終始俯いていましたが、異常体験（幻覚・妄想）を示唆するような言動は明確ではなく、ただ自分の殻に閉じこもっているようでした。

あなた（精神科医）が『Mさん』と声を掛けても、全く返答しませんでした。

二十四歳の無職男性Nさん

主訴（両親）：「ずっと部屋に引きこもっている」（本人）：「わかりません……」

生活歴：Nさんは一人っ子で、寝室が二つある都市部のマンションで両親に育てられました。小学時代までとくに発達の問題を指摘されたことはありませんでした。中学時代にはしばしば学校を休み、同年代の友達とのつきあいを避けるようになりましたが、その理由を彼は、小学時代のいじめが原因だと言っていました。成績は中の上程度で、現役で地元の中程度の学力で入れる大学の工学部に進学しました。大学三年のとき（二十一歳）に、とくに誘因なく大学を中退しました。

家族歴：特記事項なし

現病歴：退学して三年間、終日自室で生活する日々を送っています。毎日の食事は、母親が彼の部屋の前に配膳しています。昼夜逆転しており、ネットサーフォンをしたり、ネット掲示板でチャットしたり、漫画を読んだり、ビデオゲームをしたりして過ごしています。両親の薦めにもかかわらず、新しい学校に行くことや働くことを頑なに拒否し、自室から出ようとしませんでした。一年ほど前から、両親が彼を幾つかの病院に受診させたところ、「うつ病」と診断されたり「統合失調症疑い」と診断されたりしました。神経心理学的検査では認知の異常はなく、脳波・脳画像検査でも明らかな異常所見を認めませんでした。抗うつ薬や抗精神病薬といった薬物療法も試しましたが、うまくいきませんでした。

精神科既往・薬物使用その他：上記現病歴に記述

初診時の現症：「いまだ引きこもっている彼をどうにかしたい」と、彼を精神科医である貴方のもとへ連れてきました。彼は両親の間に、礼儀正しく突っ立っていました。彼の態度からは、幻覚妄想などの精神病を示唆するような所見はなく、ただただ大人しい人という印象でした。あなたが声を掛けても、『わかりません』と返すのでした。

解析の結果、未成年Mのケース、成人Nのケースともに、調査した全ての国で存在しているようで、とくに都会に多いという結果でした。生物学的‐心理学的‐社会的な要因がさまざまな度合で関与しているという回答を各国の精神科医から得ましたが、国による違いがありました。

日本人精神科医の約三割が、症例Mさんおよび症例Nさん

は現行のＩＣＤ－10、ＤＳＭ－Ⅳの診断基準で診断できると回答していたのに対して、五割以上の精神科医は診断できないと回答しました。他国の精神科医の回答はさまざまでしたが、日本の精神科医と同様、診断できないという回答が多かったです。ＩＣＤ－10、ＤＳＭ－Ⅳの診断の枠にとらわれずに最も相応しいと思われる診断名を自由に記載してもらったところ、適応障害・行為障害・社会恐怖・社交不安障害・気分変調症・衝動調整障害・アスペルガー障害・統合失調性人格障害・スキゾイド・潜在性の統合失調症・単純型統合失調症など、さまざまでした。韓国の精神科医の一部は「インターネット依存症」と診断していました。なお、「ひきこもり *hikikomori*」という病名でダイレクトに診断したのは、日本・韓国・台湾・タイ・米国の精神科医の一部でした。

症例Ｍさんおよび症例Ｎさんにおける自殺のリスク（危険性）に関して尋ねたところ、韓国の精神科医は自殺リスクを高く見積もっていましたが、日本の精神科医は、他の国の精神科医と比べて割と低く見積もっていました。

呈示したひきこもり症例に関する精神科治療の必要性を尋ねたところ、ほとんどの精神科医は治療の必要性を示唆し、韓国では半数以上の精神科医が「閉鎖病棟での入院治療が必要」としていました。日本の精神科医の多くは外来治療を推奨していますが、一割ほどの精神科医は「なにもしない」と回答していました。成人のひきこもり症例Ｎに対して「なにもしない」と回答したのは、日本の精神科医だけでした。

治療に関しては、概して精神療法が奨励されており、未成年のケースではその傾向が顕著でした。その他、日本の精神科医は、環境調整やセルフヘルプも強く奨励していました。

この世界初の国際共同調査の結果は、海外でも（先進国／途上国、洋の東／西を問わず）〝ひきこもり〟が存在している可能性を示唆することになりました。国によってひきこもり症例に対する見立てやアプローチが異なることも明らかになり、背景として、精神医療の違いや、各国が抱える文化社会的な価値観の影響が考えられました。

結果から、ハイライトされる幾つかの課題について考えてみましょう。

診断上の課題

ここでの症例に関して、国内外多くの精神科医が従来のICD－10／DSM－Ⅳでは診断できないと回答しています。これまで国内の調査では、多くのひきこもり症例が、なんらかの精神医学的診断を並存しているという報告がなされています。

他方、精神分析家の衣笠は、ひきこもり者のなかで精神疾患の併存症を伴わない「一次性ひきこもり」という独立した症候群の存在を提唱しており、米国の友人アラン・テオ *Alan R. Teo* は二〇一〇年当時、ひきこもりを「文化結合症候群」として、近い将来出版される米国精神疾患マニュアルＤＳＭ-５に入れるべきであると提唱していました。

見立て・アプローチの違い

日本の精神科医に比べて韓国の精神科医は、ひきこもり症例に関して自殺のリスクを高く見積り、半数以上が入院治療を奨励するなど、積極的な精神科治療の必要性を掲げていました。当時、韓国では、若者の自殺者の急増が社会問題と化していて、こうした背景が調査結果に反映している可能性があります。

さらには「インターネット依存症」という診断をつける韓国人精神科医が少なからずいました。お隣の国ながらこれほどの違いがあるのは、どうしてなのでしょう？　当時、すでに韓国では、インターネット依存症に陥る若者が急増していることを国家レベルで問題視しており、未成年であっても、ネットから離れるためにキャンプに連れて行くなどの積極的な治療的介入がなされていました。

国際的な診断法の開発と実態調査研究

二〇一一年、米国・韓国・インドの研究者とともに、構造化面接による「社会的ひきこもり診断評価ツール」（暫定版）を用いた実態調査を始動しました。

以下の四つの項目を最低六ヵ月以上満たすこととしました。①ほぼ毎日、一日のほとんどの時間を家にいること、②学校や職場に行くというような、ほとんどすべての社会的場面を回避していること、③家族、あるいは、友人との直接的な社交場面を避けていること、④上記により社会生活に支障を来していること。いずれの国にも基準を満たすひきこもり者が存在していました。前述のように、回避性パーソナリティ障害や大うつ病性障害などさまざまな精神疾患を併存していることが明らかになりました。興味深いことに、ＳＣＩＤ-Ⅰ＆Ⅱの診断基準のいずれにも該当しない一次性のひきこもり者が存在していました。

日本のひきこもり者と比べて、アメリカのひきこもり者は孤独感が強く、家庭での障害の程度が高かったのです。インドのひきこもり者は、ソーシャルネットワーク機能は割と保たれていましたが、概して機能障害の程度は大でした。韓国のひきこもり者は、孤独感が強く、友人との交流がより乏しく、高い機能障害を有していました。

日本と米国のひきこもり者に対してＳＣＩＤによる精神科診断面接も実施したところ、日本のひきこもり者と比べて、米国のひきこもり者は、気分障害・物質使用障害・不安障害と診断される者が多かったのです。こうした違いは、各国での文化社会的な影響を反映している可能性があります。

それは世界中に広まりつつ

その他の国にもひきこもり者は存在するのでしょうか？

香港では人口あたり一・九％と、日本よりも高頻度のひきこもり者の存在が示唆されています（電話調査）。中国本土にも、ひきこもり者の存在が明らかになりました（都市部の若者を対象とした、ソーシャル・ネットワーキング・サービスを介して実施した調査）。

いまや、ひきこもりは世界的な現象といっても過言ではありません。日本、韓国、中国本土、香港、台湾といった東アジア、イタリア、フランス、スペインといったラテン系の欧州諸国、米国、最近ではブラジルなど南米でも社会的ひきこもりの存在が明らかになりつつあるのです。

こうした〝ひきこもり〟現象のグローバル化に鑑みて、私は近年、〝ひきこもり〟を「現代社

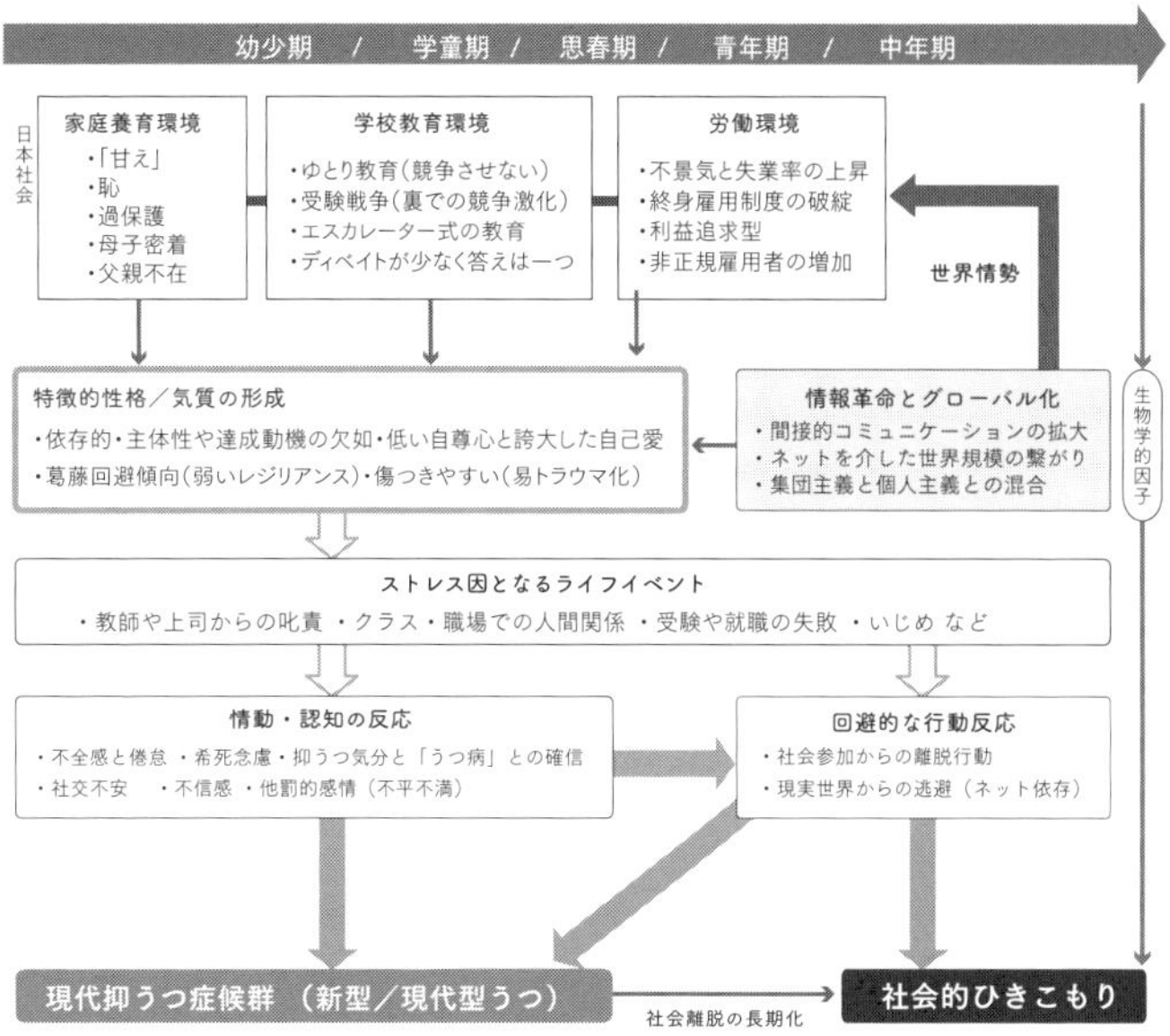

図3.「ひきこもり」および「現代抑うつ症候群」の発生モデル
（Kato, Kanba, Teo: Psychiatry and Clinical Neurosciences 2019より引用・改変）

会結合症候群 *modern society-bound syndrome*」という位置づけで論じてきましたので、次の章で紹介します。
そのまえに、私がいま考えている「ひきこもり」の発生論【図3】と、とくに現代社会結合症候群としての仮説を示しておきましょう。

8章 ひきこもりをつくる社会

そもそも、精神疾患における表現形（精神症状）の表出の様式は、時代や文化・社会によって大きく変遷してきました。

十九世紀末から二十世紀初頭にかけて欧州は、国家・民族間の緊張が高まり社会的に激動の時代で、この時代に、貴婦人を中心としてヒステリーが大流行していました。一九五〇年代に大量消費時代を先どりした米国では摂食障害が台頭し、日本でも一九七〇年代以降に「やせ願望」の若者が多く見受けられるようになりました。この頃、境界性人格障害（いわゆるボーダーライン）が台頭し、一九八〇-九〇年代には日本でも大流行しました。当時はいわゆる不良の時代、暴走族かっこいい！という時代です（近年では、激しい行動化を引き起こすボーダーライン患者に出会うことは稀になっています）。

そして一九九〇年代後半から〝ひきこもり〟や〈現代抑うつ症候群〉、そして「発達障害」がハイライトされる時代に突入したのです。ひきこもりと現代抑うつ症候群の共通点は、社会回避傾向であり、私たちは現代抑うつ症候群の長期化が、ひきこもりの要因のひとつとして重要ではないかと考えています。発達障害の流行も、ひきこもりの増加の要因として重要かと思っています。

源泉としての「恥」

〃ひきこもり〃が台頭しやすい環境が日本社会にはもともと備わっていたからこそ、ひきこもり者が日本では以前から存在しており、であればこそ、ひきこもりが日本独自の「文化結合症候群」とみなされていたのでしょう。

そして、大げさかもしれなませんが、古事記のイザナミ・イザナキ神話から連想するに、「ひきこもり」のルーツは黄泉《よみ》の国に篭もってしまったイザナミにあるかもしれないとさえ思うのです。

精神分析家の北山修は、こころを病む現代の悲劇のヒーローあるいやヒロインを、イザナミや『夕鶴』（鶴の恩返し）のツウ（鶴女房）に重ね、「見るなの禁止」という観点から、日本におけるたとえば自殺といった悲劇の発生メカニズムを論じています。恥ずべき（と、みずから思い込んでいる）姿を他人に知られた途端に潔く去ってゆくのが、日本人である私たちに刻み込まれた定番の物語なのです。ひきこもり者の多くは、恥に敏感です。自分に自信がなく、自己肯定感が低いかれらは、恥ずべき存在となった（と、思い込んだ）途端に〝ひきこもり〟という行動を選択するのかもしれません。

ただし、この恥意識にもとづく行動は、日本社会に限ったことではないでしょう。ディズニー映画でも有名になった世界的なミュージカル『美女と野獣』では、自分の醜さを理由に外界との接触を断ち引きこもってしまう怪物が登場します。この怪物の苦悩に、世界中の人々が共感するのです。日本に限らず現代社会では、「羞恥心」の病理が表面化しやすい時代なのかもしれません。

「甘え」というアクション

おなじく精神分析家の土居武郎が発掘した、日本社会に内在する甘えもまた、〝ひきこもり〟の発生に大きな影響を与えていると思われます。甘えの存在を土居は米国留学中に見出しています。

個人主義の強い欧米社会では、子どもの「依存」は完全に克服されるべきものです。日本の家庭では小学校入学前の子どもが両親と寝室を同じくすることは特別なことではありませんが、欧米では国によっては一歳になったら寝室を別にすることを至極当然のこととされているのです。ですから、欧米の幼児は、早い段階から母親との「分離」を経験します。いくら泣き叫んでも母親と一緒に寝ることができないという体験が、「個」を育んでいく土台になっているようです。

こうした子育てに親しんでいる欧米人にとって、いつまで経っても母親にべったりの日本の母子の姿に驚くのは、珍しいことではありません。土居のいう甘えとは、このように「いつまでも許容される依存行動」を指しています。

ほどほどの甘えを有しているほうが日本社会では能力を発揮できる、とさえいわれています。「甘え上手」になることが日本社会では得策にさえなり得るのです。〝ひきこもり〟という行動は、甘えアクションそのものということも可能でしょう。

依存欲求を満たすため

私のラボでは、興味深いことに、インクの染みのような図をいくつもみてもらうロールシャッハテストを用いた臨床研究において、甘えに関連した深層心理的特徴や社会的無意識の側面をひとつ明らかにしました。

少なくとも一部のひきこもり状態の人においては、〝ひきこもり〟現象が「依存欲求」を満たすための対処行動の側面を持っている可能性があることが示唆されたのです。実際のテストはお見せできないので、シンプルな図で喩えてみましょう【図4】。「この図はなんですか？」という質問にどう答えますか？　「黒と白の積み木」と答えますか？　あるいは「ふたつの△からできた□」と答えますか？　みんなではありませんが、私たちの研究に参加したひきこもり状態の人たちは、色をあまり認識しない傾向がありました。ひきこもり者は、人前では「色に飛びつかない」「色を見て見ぬ振りする」人達なのかもしれません。

「この図形を説明してください」

図4. ひきこもり者がとりやすい無意識的リアクションは？

ひきこもりとインターネット

では、ひきこもり者が国外でも台頭し、ひきこもりが国際的な精神疾患（あるいはその辺縁群）の表現形と化す要因は、何なのでしょうか？

私は、現代化、グローバリゼーション、とくに、子どもの遊び方の変化や、インターネットの普及、ＩＴ革命によるイン・ダイレクトなコミュニケーションの国際的普及が、その重要な要因ではないかと考えています。

一九八三年にファミコンが発売され、子どもたちの遊び方が「インドア」へと大きくシフトしました。それまで外でドッジボールやサッカーなどをして、時にはとっくみあいの喧嘩をしながら遊んでいた子どもたちは、ファミコンを持っている子の家に集うようになり、テレビのモニターを介して遊ぶようになったのです。いまではインターネット技術の進歩により、お互い別の場所にいても対戦ゲームなどをオンラインで楽しむことが出来るようになっています。

こうして、世界的にみても、現代の若者（若者に限りませんが）はダイレクトなコミュニケーションがとる機会が圧倒的に少なくなっています。とっくみあいの喧嘩をする子どもは実に少ないのではないのでしょうか。他方で、間接的なコミュニケーションによる「いじめ」の問題は、日本に限らず韓国など海外でも大きな社会問題となっています。

とっくみあいの喧嘩では「雨降って地固まる」がごとく、喧嘩を機に無二の親友になることが稀ではありませんでしたが、ファミコン登場以来、ゲームの世界においては、うまく行かなくなればリセットボタンを押すことで（あるいは「もうやーめた！」というかたちで、そのゲームを放棄してしまうことで）すぐに事態を解消することが可能なのです。果たして、こうしたゲームの経験だけで、相手・他者とのコミュニケーション能力や信頼関係を構築することがどれだけ可能なのでしょうか。幼いときに、リセットボタンのないリアルな関係のなかで、ほどほどの失敗をしておくことはひきこもり予防の観点から重要だと思うのです。こうした経験が、打たれ強いレジリアンス（弾力性のあるこころ）を育みます。

ひきこもりへのゲートウェイ

さきに紹介した四ヵ国調査では、ひきこもり者の半数以上が大学卒かそれ以上の学歴を有していました。学生時代までは親・教師などに保護された環境下でとくに難なく育ったゲーム世代の若者が、ダイレクトなコミュニケーション能力が重視される社会人となるや否や、職場での上司、部下、同僚あるいは取引先との対人交流上での困難を抱えてしまい、不適応となり、社会回避的な行動を呈するようになるという事態が日本では少なからず存在しています。

こうした若者の一部は、私たちが提唱している〈現代抑うつ症候群〉の診断基準に該当します。私たちの国際調査では、海外でも同様の若者の存在が示唆されています。〈現代抑うつ症候群〉の特徴として、場面依存的な抑うつ症状の自覚とその訴え、社会回避傾向、自己愛傾向、易トラウマ化、低いレジリアンスを掲げていますが。こうした特徴は〝ひきこもり〟とも共通しており、私は〈現代社会抑うつ症候群〉をひきこもりへ至る前のゲートウェイ障害と想定しており、ひきこもり予防の観点からも、その評価と早期介入が重要であろうと思っているのです。

どうとらえて
どう対処するか

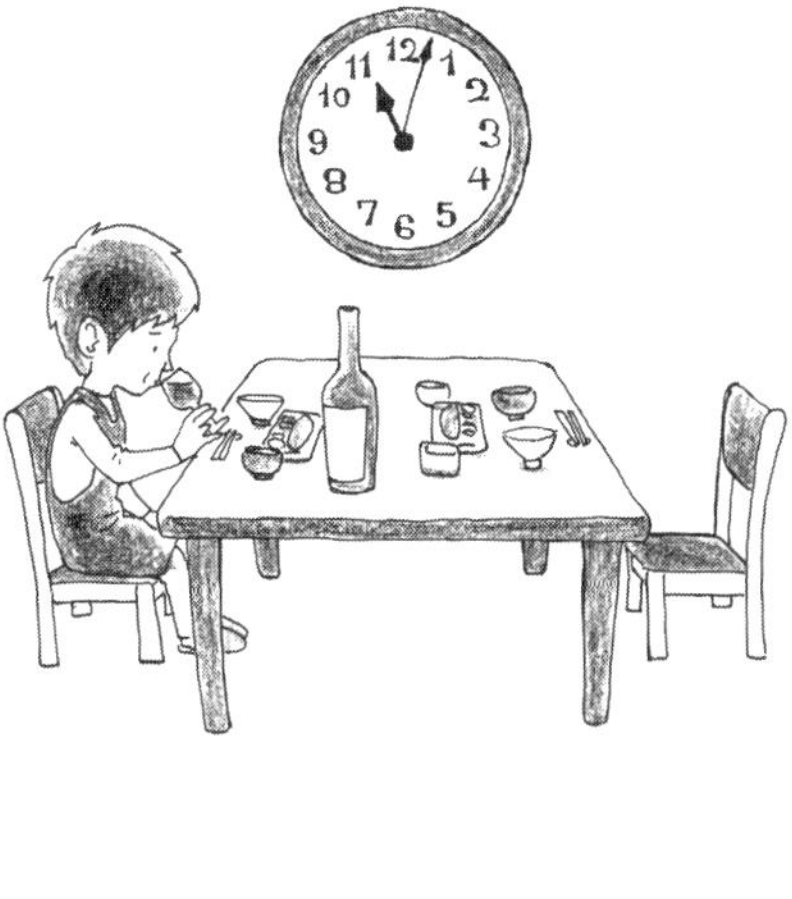

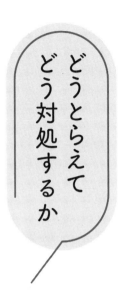

9章　ひきこもりの評価と治療

ひきこもり者の来談・受診のなるべく早い段階で、さきの多面的側面を詳細に具体的に評価する必要があります。そこで私たちは二〇一五年に米国オレゴン健康科学大学の精神科医アラン・テオ *Alan R.Teo* らと、診断のための半構造的面接システムを開発しました。そして、次の四つの基準を六ヵ月間以上にわたって満たす人を病的な「ひきこもり」と定義することにしました。

基準A：身体的ひきこもり（ほぼ毎日、ほぼ一日中家にいる）
基準B：社会参加の回避（学校や職場などの社会的状況をほぼ回避する）
基準C：社会的関係の回避（家族や知人との直接的な交流を回避する）
基準D：社会生活上の苦痛（上記が社会生活に支障をきたす）

【基準A・B】 重度のひきこもりの人は家から全く出られないのに対し、大多数のひきこもりの人はたまに買い物などに出かけることができます。たとえば、昼間は家の中に引きこもっていても、夜になると人通りの少ないコンビニに出かけるというケースもあります。

インターネット社会にいる私たちは、社会的ひきこもりとは何か？ と考え直す必要があります。とくに情報技術（IT）の発達により、家から出ずに勉強や仕事をすることが可能になっています。

また専業主婦の場合、「働く」「職場」という捉え方が難しい面もあります。家族以外の人とのつながりがなく孤独感が強い主婦も、ひきこもり傾向のある集団と考えることもできるかもしれません。冒頭のGさんのようなケースです。

【基準C】 現代社会におけるインターネットの普及により、ウェブなどを介した「間接的な」コミュニケーションが一般的になってきています。私たちの臨床では、ひきこもり患者のなかには『友達がいる』と言う人もいますが、その友達とはオンラインゲーム

でしか会えないネットフレンドであることがしばしばです。物理的には自宅にこもっていても、仮想空間では積極的に対人交流しているということが明らかになるにつれ、ひきこもりの診断基準の再検討が必要になってきました。

【基準D】　ひきこもりはじめの頃は、ひきこもり状態になったことに喜びすらを感じている人がいることが明らかになってきました。つまり、つらい現実の生活から逃れられたことから来る安堵感です。しかし、数ヵ月、一年、二年と、ひきこもりの状態が続くと、結果的に孤独感に悩まされるケースも少なくありません。

ひきこもりの人が、その人自身の苦悩、とくに孤独感を自覚しているか否かによって、治療的アプローチが異なるのです。以上のように、四つの項目・カテゴリーをすべて満たさなくても、何らかのかたちで〝ひきこもり〟と評価すべきではないかと私たちは考えはじめました。

ひきこもり評価の難しさ

このような現状のひきこもり評価の問題点を反映して、私たちは二〇一九／二〇二〇年に新しい診断基準を開発し“World Psychiatry”誌に発表しました。

この国際的に通用しうる〈病的ひきこもり〉の定義（診断評価基準）では、物理的撤退を必須項目とし、それ以外は補足項目とし、併存疾患の有無を問わないとすることで、これまでの混乱の解決を図ったのです。私たちが作成した新たな定義を記します【表1：巻末】。

この新しい定義を用いて、補足項目を含む詳細な評価を実施することで、一人ひとりの状態に応じた個別性の高い適切な支援を提供しやすくなります。基準を満たさなくても、社会的参加の欠如、直接的な対人交流の欠如など補足項目（specifiers）を満たす場合には、〈病的ひきこもり〉に準じた対応が必要です。

なお、自宅にひきこもっているが人目の少ない深夜に毎日二〇分程度コンビニへ外出する場合には、週四日以上外出しているため、今回の定義では、厳密には〈病的ひきこもり〉からは外れてしまいますが、ひきこもりに類する病態として補足項目を十分に評価する必要があります。

今回の定義では、高齢独居者や主婦も〈病的ひきこもり〉の基準を満たす可能性があります。

本書の冒頭の例でいうと、さきほどの主婦Gさんや高齢独居のHさんのような場合です。とくに高齢者の社会的孤立は、孤独死といった無視できない重要な問題を引き起こしており、今回の定義がこうした人々の早期支援に役立ちます。

さらに私たちは、新しい定義に基づき、ひきこもりのステージ分類法を開発して、ステージに応じた治療法選択を提唱しています【図5】。家族との同居の有無は病態理解や治療選択のうえで重要なため、このステージ分類では、家族と同居するひきこもり者をX群、独居のひきこもり者をY群として区別しました。

独居ひきこもりのこと

これまでのパイロット調査では、家族と同居している人が多いのですが、最近では一人暮らしのひきこもり者が少なくありません。

日本では生活保護などの公的な社会福祉制度を利用して、一定の条件（貧困や心身の病など）を満たせば「一人暮らし」をするための経済的支援を受けることができます。このような支援を受けて、高齢者に加えて若年・中高年のあいだでも失業者の単身世帯が増加しています。そう

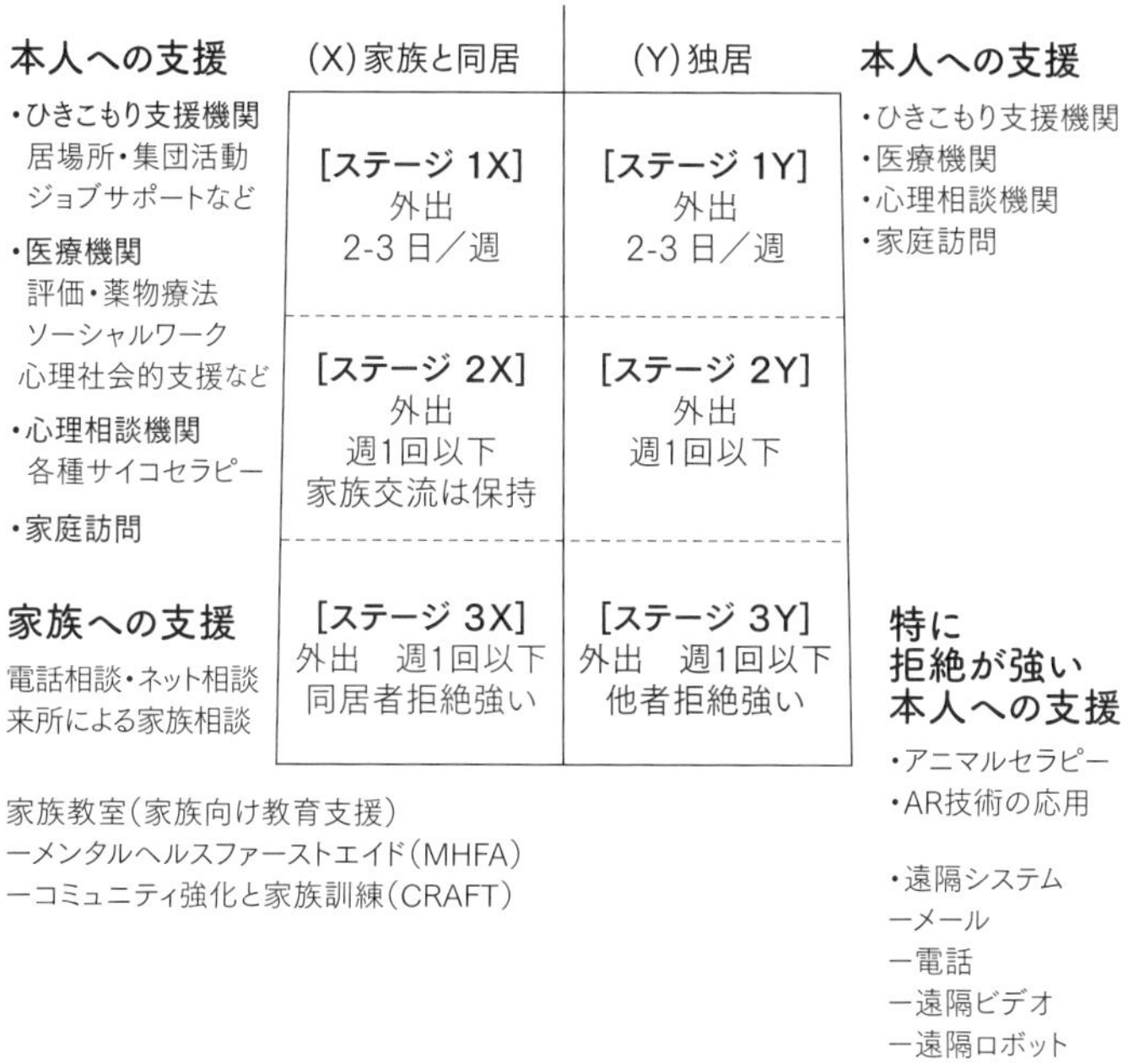

図5. ステージに応じたひきこもり支援・治療的アプローチ
(Kato, Kanba, Teo: Psychiatry and Clinical Neurosciences 2019より引用・改変)

した単身世帯ではとかく、人間関係が希薄になり、家族や友人、同僚との接触が希薄になり、孤立した状態に陥りがちなのです。この状態が六ヵ月以上続く場合は〈病的ひきこもり〉の定義に含まれることがあります。

このような人は、ときどきコンビニやスーパーに買い物に出かけたり、遊びに出かけることもありますが、通常は家にこもり、ほとんどの時間をテレビを見たり、ネットサーフィンをしたりしています。

このような単身者ひきこもりの存在は、インターネットを中心としたＩＴの発達により、さらに促進されてきました。インターネットの発達により、買い物のほとんどがネットでできるようになり（とくに日本では、高度な配送網と相まって「ネットショッピング」が発達しています）、外出しなくても生活できるようになりました。

また、ひきこもりの人でも、オンラインゲームなどのさまざまな娯楽を、完全に孤立した状態で楽しむことができます。外出しなくても、他人と直接連絡をとらなくても、日常生活を割と快適に送ることができるのです。

多面的評価と治療戦略

さらに私たちは、〝ひきこもり〟の程度をみずから簡便に評価できる〈25項目版ひきこもり尺度HQ-25〉と呼ばれる自記式質問票を開発しました【表3：巻末】。この質問票は、「社会性の欠如」「孤立」「情緒的サポートの欠如」という三因子からなります。

ひきこもり状態にある方に治療的な支援をおこなうためには、どのような状態にあるのかを多面的に評価することが必要です。私たちの「ひきこもり外来」では、生物心理社会モデルに基づいてさまざまな側面から評価をおこなっています。発症年齢、引き金となるライフイベント、ひきこもりの状態の重症度（ひきこもり期間、自室・家からの外出頻度、家族や友人との接触など）を評価しています。

生物学的な基盤について

ひきこもりの生物学的基盤はまったく解明されていません。私たちはその第一歩として、実際にひきこもり状態に陥った人をボランティアとして募集し、採血によって、ひきこもりのバイオマーカー探索もおこなっています。

最近のパイロット研究で、ひきこもり者は男女ともに回避性パーソナリティスコアが高く、健康なボランティアと比較して、男性ひきこもり者では血尿酸（UA）値が低く、女性患者では高密度リポ蛋白コレステロール（HDL-C）値が低いことを見出しました。UAもHDL-Cも、ともに強い抗酸化作用のある物質です。このようなパイロット研究に基づいて、私たちは、炎症と酸化ストレスがひきこもりの根底にある病態生理に関連しているのではないかという仮説を立てています。

特に私は、ミクログリアと呼ばれる脳内免疫細胞に注目した精神疾患研究を推進しています。精神疾患の患者さんにあっては「頭のなかが火事のようになっているではないか？」という仮説です。ミクログリアはインターロイキン－1β(IL－1β)などの炎症性サイトカインやフリーラジカルを放出することで、脳の炎症に重要な役割を果たしており、最近では、統合失調症、うつ病、自閉スペクトラム症などのさまざまな精神疾患にミクログリアの活性化が存在することが国内外の研究で報告されています。

また、自殺者の脳内では、とくにトリプトファン-キヌレニン経路を介したミクログリアの過剰活性化が示唆されています。ひきこもり者の脳内でも、ミクログリアが活性化している可能性を探る研究を、私のラボでは進めているところです。

10章 ひきこもりへの治療的アプローチ

前述のように、ひきこもり者の多くが精神疾患を併存しています。

したがって、併存する精神疾患が明らかになった場合、それぞれの疾患の治療ガイドラインに則して精神医学的治療の導入が望まれます。とくに、精神病圏や気分障害圏のひきこもり者の場合には、抗精神病薬や抗うつ薬の投与によって劇的にひきこもり状況が改善されることが稀ではありません。

私たちが以前おこなった細胞実験では、こうした薬の幾つかにミクログリアから産生されるサイトカインを抑制する作用を発見しています。もし、上述のミクログリアが「ひきこもり行動」を誘導しているとすれば、将来的にはミクログリアの活性化をおさえるような薬剤でひきこもりが改善するかもしれません。

「ジャイアンとのび太くん」のような関係を再現する社会的敗北ストレスモデルというマウス

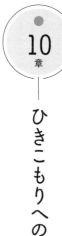

実験では、ミクログリアの活性化を抑える薬剤を投与することで、回避行動が改善することが見出されています。こうしたひきこもり治療薬の開発も夢ではないかもしれません。

ひきこもり状況の打開のためには、薬物療法のみでは不十分な場合も多く、心理‐社会的介入との併用を私は推奨しています。

ひきこもり支援機関

日本ではひきこもり者およびその家族への支援に関して、全国の精神保健福祉センターおよび公的・民間のひきこもり支援機関、そして「ひきこもり親の会」を中心として、電話相談などさまざまな取り組みがなされていて、一定の効果を上げています。

ひきこもり支援機関では、ひきこもり者が安心して他者と過ごすことができる居場所を提供していることが多く、対人交流を活性化しコミュニケーションスキルを向上させるためのグループワークなどが、盛んに営まれています。就労を希望するひきこもり者が円滑に就労にたどり着けるように、パソコン技能訓練など就労支援をおこなっている機関もあります。

家庭訪問

自宅に長期間ひきこもって社会的コンタクトを回避しているひきこもり者本人の支援は、容易くありません。本人が最初から支援を求めることは稀であり、親からの（電話を含む）相談が、最初のステップではとくに重要です。親の相談に引き続き家庭訪問も実施されていますが、頻度としては高くありません。

韓国ではひきこもり的行動特性を示す若者のことを「隠遁 *Oiettolie*」と称して、ひきこもりに類似した者の存在が以前から示唆されています。韓国では、ひきこもっている者に対するソーシャルワーカーの家庭訪問プログラムがすでに開発されていて、訪問時に適切な心理社会的評価をおこなうことでサイコセラピーなど次の治療ステップへ効率的に繋がることが、パイロット介入研究で実証されています。

日本でも、ひきこもり者に対するエビデンスに基づく効果的な家庭訪問アプローチの開発が望まれます。

カウンセリング　サイコセラピー

さまざまな専門機関で、ひきこもり者へのカウンセリングや専門性の高いサイコセラピーが実践されています。

ひきこもり者のなかには、自己肯定感が極端に低く、理想の自分（たとえば、エリート社員であるべしという理想像）と現実（たとえば、就職に失敗してアルバイトも続かず数年間何もしていない現状）とのギャップに苦悩している者が少なからず存在して、こうした認知の特性によって引き起こされる苦悩を修復するためには、認知行動療法的アプローチが有用です。

ひきこもり者の根底にある「回避」傾向や「依存」傾向に関しては、精神分析的（精神力動的）観点に基づく個人精神療法や集団精神療法が効果的です。精神分析的精神療法では、薬物療法や認知行動療法のような即効性は期待できませんが、人生早期からの経験により形成されたパーソナリティに働きかけるという点で、パーソナリティの変容をもたらし長期的な効果が期待されます。

無意識への眼差し

私は精神分析を専門としていますので、もう少し詳しくひきこもりの深層心理を説明します。

精神分析の創始者ジークムント・フロイト *Sigmund Freud* は、もとはウィーン大学医学部でウナギの神経を顕微鏡で覗いていた脳神経学者でした。十九世紀後半の欧州には、ヒステリーと呼ばれる病気を患う貴婦人たちが巷に溢れていました。突然意識を失って倒れたり、手足が動かなくなったり、言葉がでなくなったりと、多彩な症状を呈する病気です（ちなみにヒステリーは、いまでいうところの「ヒステリックな人」ではありません）。

一九八三年に医院を個人開業したフロイトは、ヒステリー患者を実際に治療することになったのです。催眠によってヒステリー症状をドラマチックに治すことができるという治療で世界的なヒステリー研究の権威となっていたジャン＝マルタン・シャルコー *Jean-Martin Charcot* のもとへ数ヵ月、留学しました。帰国後は、ヒステリー患者の臨床に積極的に関わっていたヨーゼフ・ブロイアー *Josef Breuer* とともに、ヒステリー患者の新しい治療法開発に没頭していったのです。

フロイトは、こころの病いの原因として「無意識のなかに閉じ込められた記憶や情緒」を想定して、連日の面接のなかで頭に浮かんだことや夢を患者に自由に語ってもらうこと（自由連想といいます）によって、そうした隠蔽されたものが意識にのぼることで症状が改善する、という画期的なメソッド、精神分析を創出したのです。

私たちのこころのなかには、意識だけではなく無意識の世界が誰にでもあるとフロイトは語っています。北山修は「日本語臨床」的感覚で、その無意識の世界を、見ることが難しい世界、つまり「醜い（見にくい）世界」とよんでいます。無意識の世界のなかは、私たちがみたくない、気づきたくない醜いモノで溢れているのです。他方、私たちが気づいていない「宝もの」も埋まっているかもしれないのです。

ひきこもりを知らないわたし

読者のみなさんの周りには、「わたしはいつも元気一杯。ひきこもりとは無縁ね」「ひきこもりの人のことなんて、まったく理解できないわ」と思っている方も多いことと思います。この本の『みんなのひきこもり』というタイトルに、「なんでみんななんだ？　俺は、ひきこもりなんかじゃないぞ！」と反論したくなる方も少なくないでしょう。

そうした方々のこころは、もしかすると、図のAのような状態なのかもしれません【図6】。

精神分析は「ひねくれ」の学問といってもいいかもしれません。精神分析を生業にする私たちは、「ものごとには、表の明るい世界ばかりではなく、必ず裏の暗い醜い（見えにくい）世界があるに違いない」と信じているのです、ですから、精神分析を語る人たちはしばしば煙たがられます。

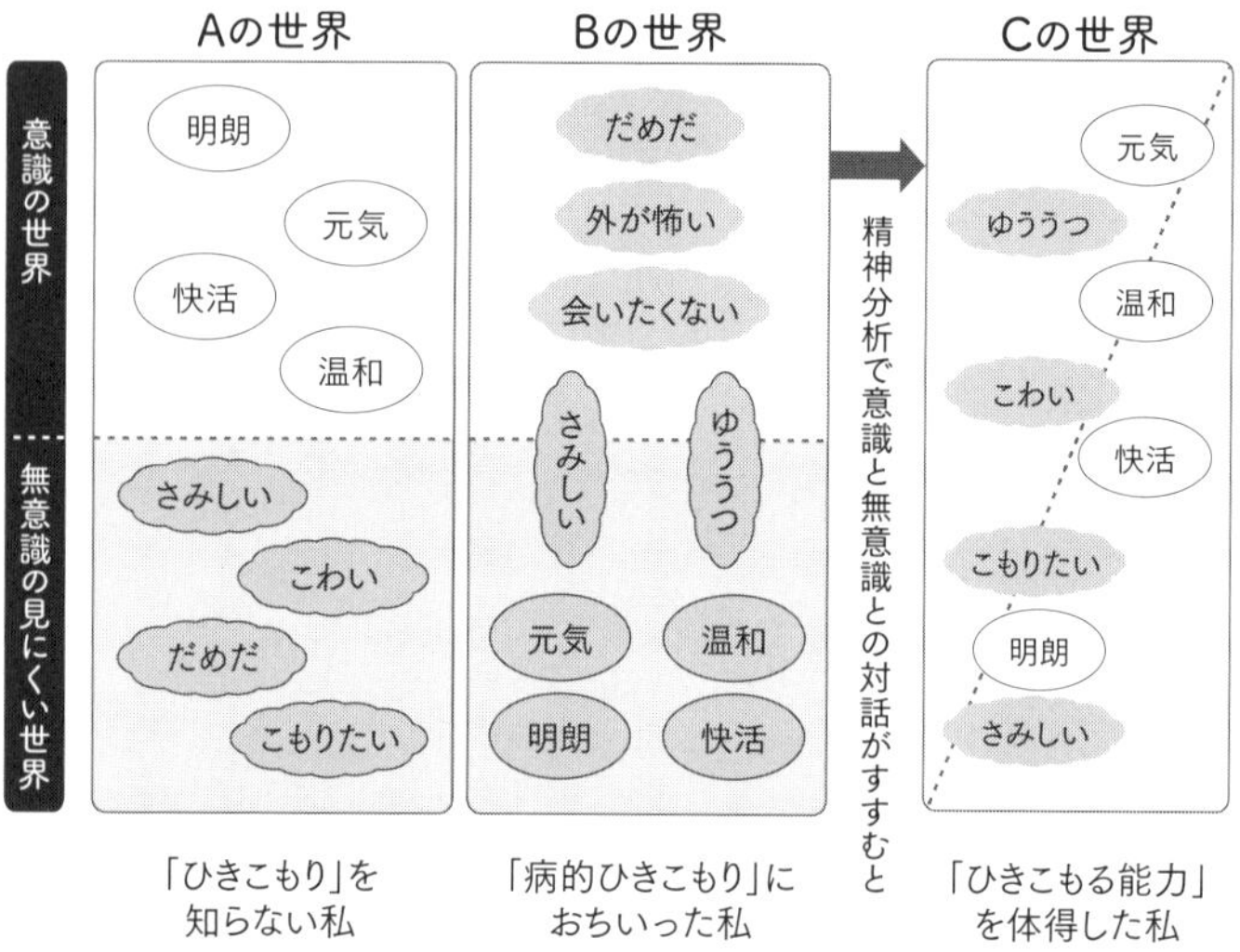

図6.「ひきこもる」こころの居場所

煙に覆われた闇（病み）の世界を常日頃扱っているから、仕方ないことなのでしょう。

周りから明朗快活で元気な人と思われ、自分自身でもそうだと自覚している人でも、その人のこころの奥底には「憂鬱だ」とか「怖い」とか「ダメだ」とか「ひとりになりたい」とか、そんな心が深海魚や海底火山のように潜んでいるに違いないと考えるのが、精神分析を実践する治療者の癖なのです。

こうした自分の深層のことを自分自身で気づくことは至極困難です。つまり、醜い自分は無意識の世界に隠れており、自分では見えないのです。であればこそ、無意識の世界へ先導してくれる治療者が必要なのです。

当然のことですが、こうした危険な無意識の世界を取り扱うことができる治療者になるためには、長年に及ぶ濃厚な訓練が必要です。素人が下手に無意識を取り扱おうとすると大やけどをしてしまいます。ですから、くれぐれも、本書を読んだからといって、すぐに、他人の無意識探しをすることは謹んでいただければと思います。

ひきこもりに陥ったわたし

では、病的にひきこもってしまった場合、意識と無意識の世界はどのようになっているのでしょうか。

実際にはとても複雑ですが、なるべくわかりやすく図のBのように記してみました【図6】。この状態では、明朗快活な私の部分は深海に沈み込んでいます。そして「自分はダメだ」「外が怖い」「人と会いたくない」という気持に圧倒されて、外に出られないという病的なひきこもり状態に陥っているのでしょう。

この本の最初のほうでも触れましたように、ひきこもり者のなかには〝孤独感〟を感じていない人たちがいます。それはとくに、ひきこもりはじめの初期段階には多い現象です。この段階では〝孤独感〟「さみしさ」といった情緒は、まだ無意識の世界に置き去りにされているのでしょう。

ところが、ひきこもり期間が長くなり、直接的な人づきあいが乏しくなるにつれ、人恋しさを体験するようになってきます。精神分析的に考えると〝孤独感〟は、無意識の世界まで含めると、誰でもみんなもっているのではないかとさえ思います。それが表に出てくるかどうかは、置かれた立場や環境によるのでしょう。

11章 ひきこもる能力

ここまで、「ひきこもり」を病理的なものとして論じてきましたが、果たして「ひきこもること」をネガティブなものと見なすだけで十分なのでしょうか？

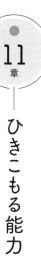

戦争神経症などの研究からスキゾイド論を提唱したフェアバーン *Willam R.D.Fairbairn* は、健常者を含む人間のパーソナリティの基本的な構成物として、「興奮させる対象 *Exciting Object*」と「拒絶する対象 *Rejecting Object*」の二つを想定しています。〝ひきこもり〟現象は、「拒絶する対象」の極端な表現形のひとつともいえます。フェアバーンの理論に準えるなら、「人間であるからには、誰しも〝ひきこもり〟傾向を有している」と言ってよいということです。

携帯電話やスマートフォンを筆頭としたモバイル端末の普及により、どこにいても誰かと繋がるようになり、インターネットの普及により、裏の世界がすぐに表に出てくる社会になった現代という「つながり時代」においては、昔のように人々が安心して「ひとりでいること」が難しくなっているのではないでしょうか。

なにもかもが繋がって裏表がなくなってしまいやすい社会であればこそ、極端に物理的に「ひきこもる」というかたちで社会から閉じこもってしまう者が出現しやすくなっているのかもしれません。「ひきこもる」という行動は、ひきこもり空間を喪失した現代人が原始的欲求として無意識的に渇望している行動であるのかもしれないのです。

こころのなかの病み

こころとこころの病気を理解するうえで私がもっとも感銘と影響を受けた考え方があります。メラニー・クライン *Melanie Klein* が提唱した〈妄想分裂ポジション〉〈抑うつポジション〉という概念です。

フロイトは晩年に「生の欲動」と対比するものとして「死の欲動」という概念を提唱しました。「誰しも無意識のなかには死に導く欲動が潜んでいるのだ！」というフロイトの大胆な提言は、多くの弟子たちにさえ受け入れられてもらえないものでした。「死の欲動」を継承した数少ない精神分析家クラインは、人間のこころのなかには、誰にでも健康な部分と病的な部分があると言っているのです。

〈妄想分裂ポジション *paranoid-schizoid position*〉〔以下ＰＳポジション〕とは、精神病的なこころの部分〔あるいは状態〕のことです。誰にでも精神病的なこころがある、と聞いて皆さんいかがでしょうか。「わたしは幻覚も妄想も体験したことないから、精神病のはずないでしょ！」と強く反論したい方が大多数でしょう。

クラインは、赤ん坊が母親の乳房を貪る姿からこの着想を得たようです。赤ん坊が「空腹にもかかわらずミルクが与えられない」状態で体験するこころの瀕死状態を、ＰＳポジションの起源としています。赤ん坊時代のＰＳポジションは、大人になってからも無自覚ながら私たちの言動を突き動かしています。

みなさん、ある人のことをあるとき、とてつもなく憎らしく感じたり、妬ましく感じたり、激しい怒りを感じたりする

ことはありませんか?　こうしたとき、私たちのこころの奥底では、ＰＳポジションが蠢いているのです。そして、相手を攻撃したり、あるいは相手から逃げたりするのです。

病的なひきこもり状態というのは、このＰＳポジションのひとつといってもよいでしょう。さらにいえば、「ひきこもり者を受け入れることが出来ない!　そんな奴は……!」というような、あるいは、本書冒頭の例でいうならＡ君をいじめる同級生、そして、いじめられるＡ君のことを「いじめられて当然!」と見て見ぬ振りしている同級生のこころの状態も、ＰＳポジションといえるのです。

こころのなかの健康

もうひとつの対になる〈抑うつポジション *depressive position*〉〔以下Ｄポジション〕とは、抑うつを体験できるこころの状態です。

ここでいう「抑うつ」というのは、いわゆる精神疾患における「うつ病 *depressive disorder*」とは次元が異なります。精神分析の世界ではＤポジションは、こころがより健康で成熟した状態と位置づけられています。

先ほどの「空腹にもかかわらずミルクが与えられない」赤ん坊にとって「乳房が無い」こと〈無い乳房〉は、「悪魔のような乳房」としてイメージされます。そして、激しく泣き叫ぶことで乳房が与えられます。その瞬間、悪魔の乳房は、栄養を与えてくれる、空腹を満たしてくれる「良い乳房」に変身するのです。赤ん坊にとって、その二つは別々の存在としてイメージされています。

時を経て、大きくなった赤ん坊はようやく、「悪い乳房」と「良い乳房」が実は同じだったことに気づくのです。このとき赤ん坊は「ごめんね、悪魔くん。本当は良いおっぱいだったんだね」という具合に、罪悪感を体験するのです。そして、ひとりですごす「不在」の時間を少しずつ受け入れることができるようになるのです。この状態がDポジションなのです。このとき、ひとりぼっちの赤ん坊は、〈病的ひきこもり〉状態を超えて、より健康なひきこもりになったといってもよいかもしれません。

ひとりでいられる　ということ

さきにも述べましたが、ドナルド・ウィニコットは、〈一人でいられる能力 *Capacity to be alone*〉の獲得が、社会に出るためには重要であると述べています。ウィニコットは〈一人でいられる能力〉の獲得を、母子密着の「二人だけど一人」の世界から、「それぞれが独立した人間である」という前提での旅立ち、つまり、おとなになるという精神発達段階において重要な能力と位置づけています。

私は、ウィニコットの概念をヒントにして、ひきこもり者救出の鍵として「物理的に外にいても安心してひとりでいることが可能な心的スペースの獲得」を重視しています。つまり、「ひきこもる能力」の獲得です。

こうした心性を獲得するためには、「沈黙」に意義を見出すことができる精神分析的精神療法が有効です。精神分析的精神療法（とくにカウチを用いた非対面法による精神分析）では、患者ばかりではなく治療者のこころのなかに「関わりたい」という気持と「そっとしておきたい（ひきこもっていたい）」という両極端のアンビバレントな気持が生じやすく、セッション中はこうしたアンビバレンスが、「沈黙」などのかたちで治療者と患者のあいだで共有されます。

ひきこもり者のなかには、極端に沈黙が苦手な者が少なくありません。二人で一緒に居ながらにして沈黙になるという、「ひとりでいる」かのような時空間をこなしてゆく体験のなかで、〈一人でいられる能力〉が育まれ、物理的に独りきりで閉じこもるという防衛から開放される、と私は考えています。

個人精神療法に加えて、こうした精神分析理論をベースに実践される精神分析的集団精神療法は、ひきこもり患者どうしがアンビバレンスを集団のなかで体験しながら相互に観察しながら理解できる、という点で有用です。

ひきこもる能力をとりいれたわたし

精神分析では、意識と無意識の世界の行き来をたやすくします。

精神分析の治療が進展してくると、無意識的なものに気づきやすくなります。さきほどの図のCの状態はまさに、「ひきこもる能力」を獲得した状態です【図6】。自分のこころのなかに「ひきこもりたい」「逃げたい」「ひとりぼっちだ」という気持が潜んでいることを自覚できるようになり、それをうまく社会のなかでも取り扱えるようになった状態といってもよいでしょう。

そうすることで私たちは、逆説的にですが、強くなることができるのです。詩人ジョン・キーツはこうした能力を「ネガティブ・ケイパビリティ *negative capability*」と呼んで、精神分析家ウィルフレッド・ビオン *Wilfred R. Bion* も紹介しています。この時代には、ひきこもり者にかぎらず、私たちみなさんが、こうした能力を獲得できれば、世のなか、少しは生きやすい社会になるかもしれません。

読者のみなさん、自分のなかの「ひきこもり君」に気づくことはできましたでしょうか？

適切な対応のための支援

十年ほど前の調査によれば、ひきこもりはじめてから最初に支援を開始するまでに、平均期間、四・四年もかかるという結果がでているのです。

最初に支援のための相談に訪れるのは主として家族（とくに親）ですが、精神疾患やひきこもりに関する適切な知識がないために（さらには精神疾患に対する偏見や誤解があるために）ひきこもる当事者に対してどう対応してよいかわからず、一切介入できずに「見て見ぬふり」をして年月を費やしてしまうというケースが稀ではありません。

いま「8050問題」という言葉が、ひきこもり支援における喫緊の課題としてハイライトされています。八十歳代の親が五十歳代のひきこもり状況にある子供を抱えているなど、ひきこもりの長期化・高齢化の問題であり、こうした高齢化した親子がさまざまな要因から社会から孤立し、生活困窮などの問題が見られているのです。本書冒頭のJさんのようなケースです。「見て見ぬふり」しているあいだに十年、二十年、三十年と時は流れてしまうのです。

そうした家族が、ひきこもり者本人に適切に対応するための知識やスキルを身につけることで、「見て見ぬふり」の現状から脱却し、ひきこもり状況の打開につながることが期待されます。

私のラボでは、こうした仮説のもとで、家族にひきこもりや精神疾患への理解を促し、本人の来談・受診がスムーズにすすむための家族むけ教育支援プログラムを開発中です。家族に声かけのコツなど具体的なスキルをロールプレイなどを通じて実践的に習得してもらいます。

すでに暫定版プログラムを作成しており、毎週一回五日間の受

講と六ヵ月間のフォローアップによるパイロット試験では、六ヵ月後に二、三割程度が本人の受診に繋がるなどの効果を萌芽的に見出しています。今後さらに改良を重ね、全国のひきこもり支援機関へ普及してゆきたいと考えています。

アニマルセラピー

香港では、「ひきこもり者は他者への信頼感が乏しく、他者との直接的な関わりに苦手意識をもっている」という仮説のもと、他者との直接的な関わりをはじめる前段階として、アニマルセラピーによる治療介入プログラムが試験導入されています。実際に、犬や猫などの動物と直接的に触れ合う機会をもつことで徐々に外出できるようになり他者との交流ができるようになったという報告があります。

12章 ほどほどの間をさがして

現実世界を映した映像に音やグラフィックを重ね合わせ、現実世界を拡張させる拡張現実（AR *Augmented Reality*）の技術が、ひきこもり打開に役立つ可能性があります。

二〇一六年夏に登場した「ポケモンＧＯ」は、位置情報と拡張現実を活用したスマートフォンむけのオンラインゲームであり、世界的に爆発的なブームとなりました。「ポケモンＧＯ」の登場により、ひきこもり状況から脱出した症例が報告されています。私の外来でも、通院以外は外出していなかった青年が急に毎日公園に外出するようになり、驚いたことがあります。残念ながら彼は数ヵ月でゲームに飽きてしまったようで、効果は一過性でしたが、私はこうした技術に基づくひきこもり者支援アプローチは、とくに初期段階では有効ではないかと考えており、産学連携によるツール開発が期待されます。

外出が困難なひきこもり者への支援では、自宅からのインターネット利用による遠隔システムの活用が期待され、こうした技術に基づく支援は、とくに私たちのステージ分類レベル３の「外出がほとんど不可能な状態」に陥っている方々での活用が期待されます。

ドラえもんはのび太を救う？

未来のひきこもり支援についても、少し考えてみましょう。

ロボットというと「情がなく冷たい存在のマシーン」を思い描く欧米人に対して、日本人にとってロボットは親近感を抱く対象のようです。日本のお茶の間で子どもから大人まで親しまれている猫型ロボット・ドラえもんは、引っ込み思案で気弱な野比のび太にミラクルな道具を次々に提供し、外の世界へ出るための能力と勇気を与えてくれます。もし、ドラえもんがいなかったら、のび太はおそらく引きこもっていたことでしょう。

さまざまなロボットの開発が期待されますが、未来のひきこもり治療を夢みて、ロボットが如何にしてひきこもり者の救済に貢献できうるか、という点に関して考えてみましょう。

リアルでもバーチャルでもなく

ひきこもりといっても、精神病圏の方から、抑うつ、社交不安、対人恐怖、あるいは自閉スペクトラム傾向が強い方まで、多種多様ですが、少なくともある一群のひきこもり者には、ロボットの活用が有用ではないかと私は考えています。

ひきこもり者のなかには、過去の対人関係上のトラウマ的体験などにより、他人に不信感が強く、信頼感が乏しく、人と関わりたいという願いを密かに抱きつつも、他者との情緒的交流を行うことで再び傷つくのではないかと恐れ、対人交流を回避している一群がいます。こうして、リアルな対人交流を伴う世界を避け、インターネットのバーチャルな世界に逃避している者も少なくないです。

インターネットのバーチャルな世界には、ありとあらゆる情報や娯楽が溢れていて、みずからの嗜好にあうものを選ぶことで、自己愛的な世界に没入できます。そしてひきこもり者は、孤独感といったひきこもり状況に伴う苦悩から（一時的に、表面的に）解放されます。しかしながら、ネット社会への没入により、ひきこもり状況からの脱出がますます困難になってしまうのです。

ロボットという、人間ではないが人間に類する側面を有する存在が、こうした状況の打開に貢献できる可能性があるかもしれません。未来予想図を以下に呈示します。

孤独感への対処（癒やし効果）　日本ではペット型ロボットが開発されています。アニマルセラピーによって香港のひきこもり者が他者への信頼感を回復するように、安心と癒やしを与えてくれるロボットがひきこもり支援のはじめの一歩になるかもしれません。

遠隔コミュニケーション　私たちが最近とくに注目しているロボットは、オリィ研究所が開発したOriHimeです。OriHimeは自宅PCやスマートフォンから遠隔操作することで自分の分身を外の世界に連れて行くことが出来るため、分身ロボットと呼ばれています。外出が困難な重症筋無力症など、身体疾患をもつ患者の支援などに活用されはじめています。

OriHimeはマイクとモニターを通じて双方向性のコミュニケーションが可能で、言葉を介さなくても自宅PC・スマートフォン経由でロボットの身振りをボタン操作することで意思表示可能です。外の世界の相手にはロボットを操作する自分の顔を観察されることがないので、家庭訪問を拒否しがちなひきこもり者でも安心して活用しやすいのです。医療機関や相談機関に受診・来所する前の段階でOriHimeによる遠隔面談をおこなうことで、ひきこもり者の初期支援に活用できる可能性があります。

AI技術による評価や治療　さらに、ロボットにAI技術を導入することで、将来的にさまざまなひきこもり支援が可能になるかもしれません。たとえば、AI掲載ロボットがひきこもり者と対話することにより、ひきこもり者の孤独感の程度、対人恐怖の強さ、社交能力といったひきこもり者の様々な側面を、人間（精神科医や臨床心理士といった専門家）以上に適切に評価できるようになるかもしれません。

こうした評価に基づき、ロボットがひきこもり者へ癒やしになるようなアクションを起こしたり、認知行動療法的介入を主体的に実施したりするような時代が到来するかもしれません。こうした世界をみなさんは想像できますか？

ほどほどな関係のために

精神分析的精神療法を実践している私としては、ドラえもんとのび太のように、愛情・友情が育まれ仲良く喧嘩できるような情緒的体験を、ロボットとひきこもり者との間でも経験できる技術が開発されれば、と願っています。

「仲良く喧嘩できる」ような関係性の樹立はひきこもりからの卒業（治療の終結）には重要です。ひきこもり者は他者への信頼感を取り戻し、絶対依存の状態から極端ではないほどほど《good enough》の依存的行動を身に付け、自己主張できるようになり、社会に旅立っていきます。

現在、こうした治療は、数少ない精神分析的精神療法の専門家によるサイコセラピーで、長年の歳月をかけておこなわれているのが実情です。百万人を超えるひきこもり者一人ひとりにこうした濃厚な治療を提供できるほど、日本には精神分析の専門家がいません。

こうしたロボットが開発されれば、精神療法家が長年の訓練と臨床経験によって培ってきた匠の技を、多くのひきこもり者に提供できるようになります。その実現のためには、無意識を扱う精神分析が如何にひきこもり者に効果を与えるのかを科学的に解明し、こうした科学的知見をロボット開発に落とし込む作業が必要であり、少なくとも十年以上の歳月を要すると思われますが、チャレンジし甲斐のある試みです。

治療的介入に関するまとめ

ここまで、「ひきこもり」の多面的評価と、評価に基づく多軸的な支援法を紹介しました。「ひきこもり」の発生から回復に至る典型的なステップを呈示します【図7】。

このように、ひきこもり支援は、一人ひとりのひきこもり者の段階に応じて多職種・多機関との連携をもとに実践されることが望まれます。

将来的には「ひきこもり」という現象（ひきこもりライフ）は、大気汚染や未知の感染症などに

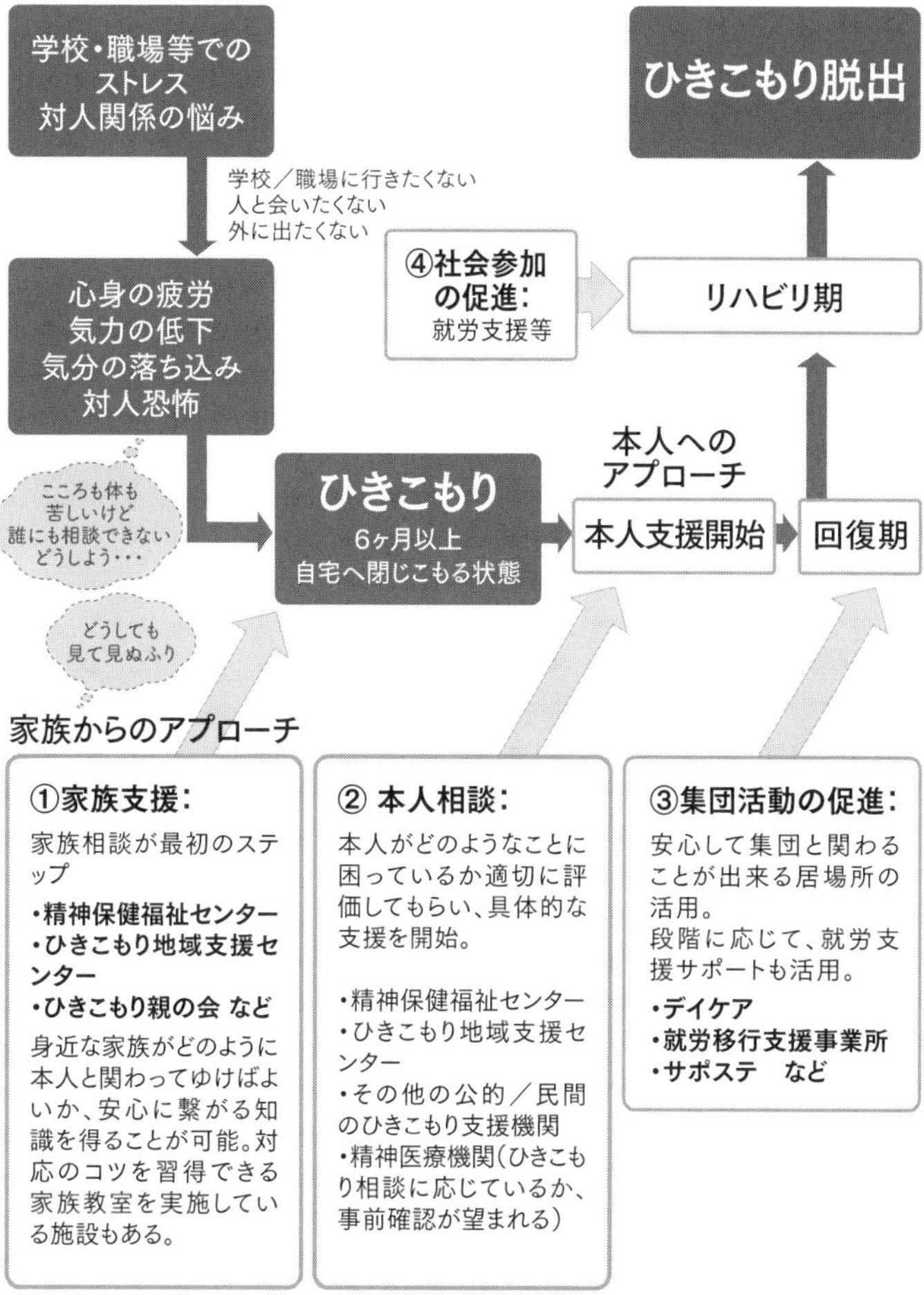

図7. ひきこもりの発生と回復のステップ
（加藤隆弘：ひきこもり.「公認心理師の基礎と実践」シリーズ 第22巻「精神疾患とその治療」遠見書房より引用・改変）

より外出が困難になるかもしれない未来社会において、未来人の日常生活になっている可能性すらあります。

今後は、こうした側面にも留意して「ひきこもり」現象と対峙してゆくことも重要です。実際に、二〇二〇年になって突入したコロナ禍で、〝ひきこもり〟という現象への捉え方は大きくかわるものと思われます。

みんなのひきこもり
時代の処世術

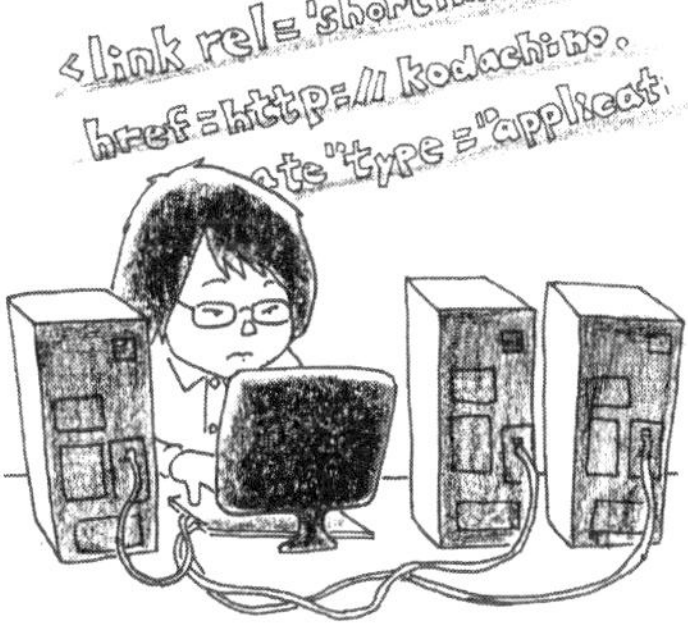

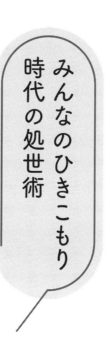

13章 病的なひきこもりに陥らないために

最後に、〈病的ひきこもり〉に陥らないための対処法について考えてみましょう。

コロナ禍そしてこれからの「ポストコロナ時代」において〈病的ひきこもり〉をどう予防するかは、日本ばかりではなく世界中の人々に深刻な影響を及ぼしかねないグローバルな課題です。コロナ禍において「巣ごもり」が奨励されているからといって、ただただ自宅に巣ごもっていては、知らず知らずのうちに〈病的ひきこもり〉状態に移行しかねません。

「みんなのひきこもり」時代を生き延びるための処世術を身に付けてゆきましょう。

さきに、コロナ禍において病的ひきこもりになるかもしれないリスク因子として12項目を挙げました【4章】。読者のみなさん、何項目当てはまりましたか？　このリスク因子を一つ一つ解消することで、〈病的ひきこもり〉に陥らずに済むと私は考えています。それぞれみてゆきましょう。

「モノへの依存」に対処する

□ 学校や職場でストレスを抱えている
□ SNSの利用時間が大幅に増えた
□ ゲームの利用時間が大幅に増えた
□ 飲酒量が大幅に増えた
□ 体重が5kg以上変動した

私たちは日常生活のさまざまな場面でストレスを抱えています。そして「コロナ禍」のような通常ではありえない状況では、私たちのストレスはさらに高まります。

こうしたストレスに対して、私たちは一人ひとり、対処法をおのずと身に付けているのでしょう。現代においては、こうしたストレスを自分ひとりだけで発散できるモノが巷に溢れています。ひとり酒、ガツ食いといったかたちでの憂さ晴らし。そしていまは、子どもでもスマホを持っている時代です。男の子であればゲームで、女の子ならSNSで、一人で自宅に巣ごもっていてもストレス発散することができます。

しかしながら、これまでにお伝えしたように【3章】、こうした容易く手に入るモノほど、依存症という病気に陥る危険が高いのです。依存から抜け出せなくなると、同時進行的に孤立を深めて〈病的ひきこもり〉状態に陥るという悪循環のループに入ってしまうのです。

もちろん、お酒も、食べ物も、スマホも、私たちにとって元来「悪」ではありません。こうしたモノと適度なお付き合いができるようになることが理想的でしょう。以下のような工夫で、病的依存の状態、そして、病的ひきこもりから遠ざかることができるはずです。

◇セルフモニタリング（スクリーンタイム活用など）

◇週間予定表・月間予定表の活用

◇からだを動かすこと（運動・散歩・ヨガなど）

まずはおのおの、自分のストレス発散法を振り返ってみましょう。

ストレスを発散するモノにどのくらい頼っているか、モニターしてみましょう。

いまのスマホには、自分でどのくらいどのアプリを使っているかを自動的に計算してくれる機能が付いています。私のスマホも、毎週日曜の朝になると自動的に、利用時間の情報をメッセージとして送ってくれます。「先週より一日平均一時間三〇分利用時間が増えました」というメッセージに、「え、こんなにスマホに時間費やしていたの!?」と驚くことが私自身しばしばあります。

依存というのは、みずからは気づきにくいものですので、是非こうしたツールを活用してください。

だんだんと手放せるように

たとえば、ゲーム使用が昂じて家庭内暴力が勃発してしまったL君ですが【6章】、どのようにすればL君を救うことができたのでしょうか?

当事者自身は病的な状態に陥りつつあることに無自覚かもしれませんが、周囲の人たち(家族、特に親)は、依存行動を敏感に察知します。親としては、子どものゲームの時間が増えて、さらに例えば学校の成績が下がってしまうと、『ゲームばかりやっているから成績が下がるのよ!』とついつい言いたくなります。子どもを躾ける親としての立場で考えれば至極、当然のことでしょう。しかしながら、これまで頼りきっていたストレス発散法を容易く手放すことはとても難しいことなのです。突然、依存対象を喪失した当事者が、その対象の喪失に耐えることができず、暴れてしまうのは、無理からぬことかもしれません。

依存症治療で現在注目されている治療アプローチがあります。ハームリダクション*harm reduction*というメソッドです。すでに病的な依存状態にあったとしても、すぐにそのモノを手放させるわけではなく、段階的に依存しているモノから卒業してもらうという方法です。

まずは、依存の対象に昂じる時間帯を限ってみてはいかがでしょうか？　週間予定表や月間予定表を家族と一緒に作ってみてはいかがでしょう。例えば、ゲームする時間と勉強時間を予定表に記載するのです。親としては多少心苦しいかもしれませんが、子どもに「ゲーム時間は思う存分楽しんでね！」と提供してあげることです。

つぎに大切なことは、病的な依存対象から、健康な依存対象、あるいは、より害の少ない依存対象へシフトさせることです。

もともと運動好きな方であれば、ジョギングなど積極的に体を動かすという方法が効果的かもしれません。リラクゼーションを兼ねたヨガなども流行っています。「運動なんて大嫌いだ！」という方は、一日二〇分でも歩いてみてはいかがでしょうか。

ゲーム依存になりかけている方へのお勧めは、「歩くこと」自体をゲームにすることです。「ポケモンGO」が画期的だったのは、「外に出かける」という外出行動そのものをご褒美にしたことです。ランニング・アプリもお勧めです。散歩のたびにこのアプリを使うと、自分が歩いた時間・距離・場所が記録できて、「今日は三kmも歩いたぞ！」と達成感を味わうことが出来ます。

こころの病気（とくにうつ病）を予防する

- □ 眠れなくなった、昼夜逆転した
- □ 気分が落ち込む、憂うつになった
- □ 学校や職場から逃げたい
- □ 「孤独感」を強く感じるようになった

すでにお伝えしたように、こころの病気は〈病的なひきこもり〉の引き金になります。特にうつ病は、ひきこもり状態を並存しやすいことがわかってきました【図8】。うつ病を予防することで、〈病的ひきこもり〉状態に陥るリスクを軽減できます。上の四つの項目は、うつ病、あるいはうつ病になる前の段階で、認められやすい気持です。次のような気持も出現します。

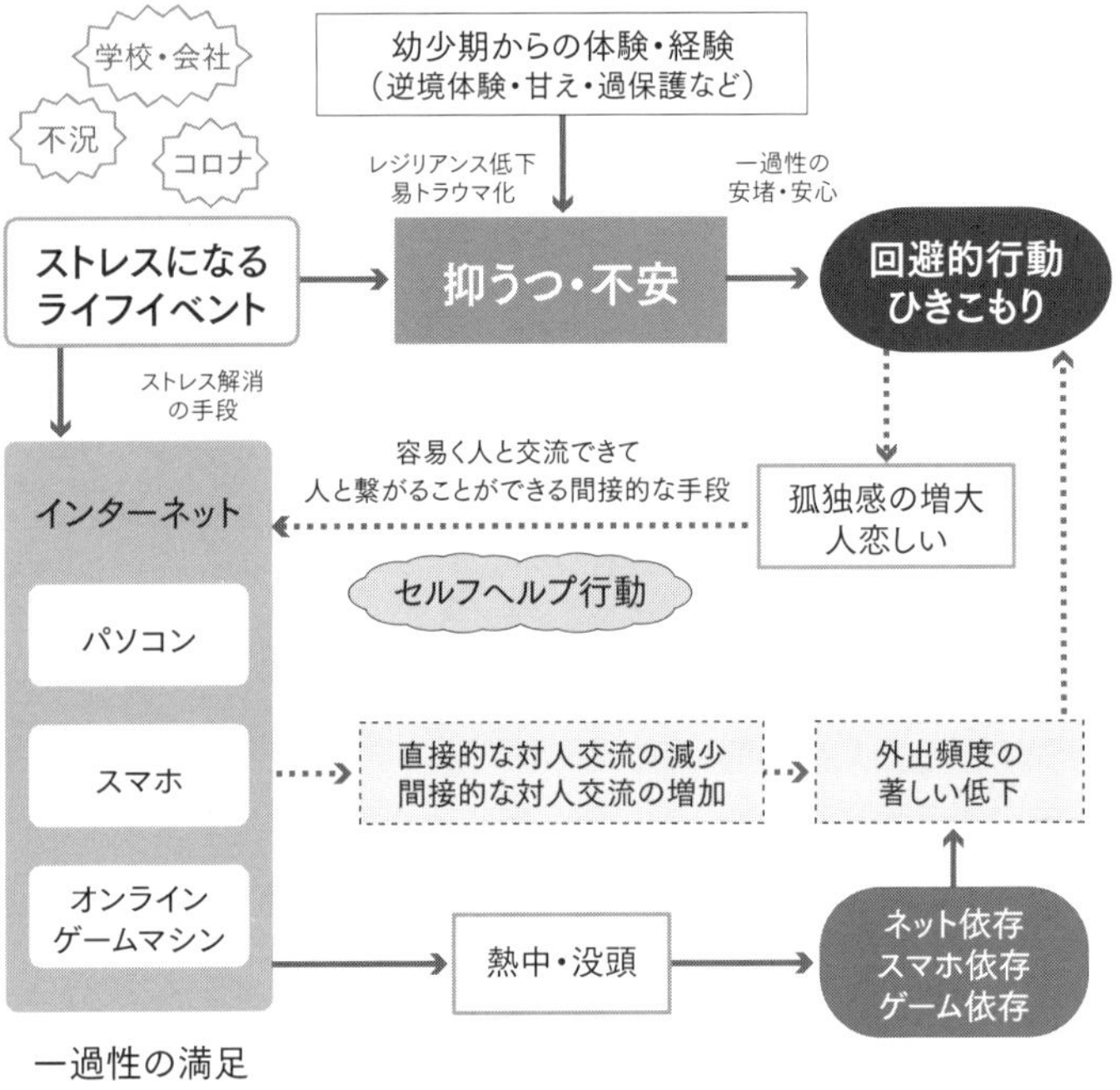

図8. インターネットとひきこもりとうつとの相関モデル
（Kato, Shinfuku, Tateno: Current Opinion in Psychiatry 2020より引用・改変）

□ 元気が出ない
□ 自分が悪い
□ 周りに申し訳ない
□ 消えたい、逃げたい
□ 疲れがとれない
□ 集中できない
□ 落ち着かない
□ 頭が働かない、考えがすすまない

うつ病の初期段階では、みずから「自分はうつかもしれない」と自覚することは難しいのです。ですから、周囲の方々が気づいてあげることが重要です。私たちはオーストラリアで開発されたメンタルヘルス・ファーストエイド（MHFA *Mental Health First Aid*）と呼ばれる、住民むけのプログラムを日本に導入していきます。ＭＨＦＡは、身近な人々のこころの不調に気づき、専門家につなぐ前に素人でもできる応急処置法を身に付ける一二時間のプログラムです。

こころのイエローサインを出している方に対して、家族、会社の人、あるいは学校の先生がMHFAのスキルを身に付けて、初期対応をしてあげることで、うつ病をはじめとするこころの病気を早期発見（あるいは予防することさえ）できるのです。MHFAは、「り・は・あ・さ・る」という五つの原則で成り立っています。うつ状態かもしれないと思われる方への五原則では、以下の点に留意しながら関わります。

「り」声をかけ、リスクを評価し、その場でできる支援を提供

抑うつ状態を評価：不眠、食欲低下、疲労感など、抑うつに伴う身体症状から尋ねましょう。うつ病では、しばしば「死にたい気持」が生じることがあります。十分に話を聴いたうえで、『あなたほど苦しい状況にあれば、もしかしたら「消えてしまいたい」と思うことがあるかもしれませんねえ……いかがでしょうか？』といったかたちで、最後に尋ねることも大切です。

「は」決めつけず、批判せず、はなしを聞き、コミュニケーションをとる

傾聴の姿勢で、どんな気持なのか話してもらうようにしましょう。責めたり、弱い人だと決めつけたりせずに、話を聞きましょう。現在の問題が「弱さ」や「怠惰」からくるのではないことを理解しましょう。傾聴での会話には、「①あいずち」「②くりかえし」「③感情の反映」が効果的です。

①あいづち 相手の話を聞きながら、「ええ」、「そうですか」、「なるほど」など、短いあいづちを入れてみましょう。そうすることで、自分の話をきちんと聞いてもらえていると相手が感じやすくなります。

②くり返し 相手が話してくれた言葉をくり返したり、わかりやすく言いかえてみましょう。例えば、相手が「もうダメなんです・・・」と話してくれた場合、すぐにその解決策を呈示する必要はありません。共感的に「もうダメと思うんですね・・・」などと返してみましょう。「共感してもらった」という気持ちが相手に生じやすくなります。

③感情の反映 相手の気持ちや感情を推測し、言葉で返してみましょう。例えば、「もうダメなんです……。もう消えてしまいたいくらい……」と話してくれた場合、「消えたくなるくらいお辛いんですね……」と相手が語った言葉を繰り返した上で、さらに感情の言葉を添えてみましょう。そうすることで、「自分の気持ちをわかってもらえた」と感じてもらいやすくなるでしょう。

「あ」あんしんにつながる支援と情報を提供

現在の問題は「弱さ」や「性格」の問題ではなく、専門的医療の必要な状態であること、体の病気に併発しやすく、決して珍しい病気ではないことを伝えましょう。適切な治療でよくなることを、自信をもって伝えましょう。

「さ」専門家のサポートを受けるよう勧める

心療内科や精神科を受診するように勧めてみましょう。例：「うつであれば、薬やカウンセリングでよくなるんだって。このままだとつらいと思うから、いまから近くの専門家の先生に相談してみない？」といった言い方で受診への抵抗感を減らせるかもしれません。

「る」セルフヘルプやその他のサポートを勧める

アルコールをひかえる、軽い運動をする、リラクゼーション法（ゆっくりと呼吸をする、力を抜くなど）をおこなうことによって、メンタルヘルスの問題による症状が緩和されることがあります。家族などの身近な人に相談することや、自助グループへの参加を勧めてみたりするのも、よいかもしれません。

私たちは、ＭＨＦＡの五つのステップ（り・は・あ・さ・る）をきちんと身に付けたい方々むけの研修会を実施してきました。現在、私たちが開発中のひきこもりの親むけの支援プログラム（家族教室）にも、このＭＨＦＡのノウハウを積極的に取り入れています。病的ひきこもりの予防、初期対応、そして、長期化の打開といったそれぞれのステージにおいてＭＨＦＡは役立つはずです。

「巣ごもり生活」でとくに留意すべきこと

◇ 孤独感を癒やすネットの活用（頼りすぎには注意）
◇ ストレス発散（運動・散歩・お片付けなど）
◇ 「お一人さま時間」「ひきこもりタイム」を作る

二〇二〇年の春、日本では新型コロナウイルス感染症の拡大への懸念から、政府により非常事態宣言が発令され、国民一人ひとりが外出を控えるなど多くの我慢を強いられる状況に陥りました。学校が休校になり、会社でも在宅ワークが広く採用され、「巣ごもり」ライフという新しい生活様式がニューノーマルとして台頭してきました。

この章の冒頭で触れたように、こうしたコロナ禍での「巣ごもり」と、ここまで論じてきた〈病的ひきこもり〉はもちろん同じではありません。しかしながら、外部から強いられるコロナ禍での「巣ごもり」は〈病的ひきこもり〉へシフトしてしまうリスクがあり、その予防は喫緊の課題です。

外出自粛や外出規制による「巣ごもり」状況では、外出できないストレスから、孤独を癒やそうと、お酒やゲームなどに依存しがちです。こうしたモノへの依存が高まると依存症になるリスクが高まります。厚生労働省は感染拡大防止策として、人と人との接触（三「密」）を減らすように促しています。外出自粛により直接人と会う機会が減ってしまうと、孤独感を感じやすくなり、インターネットを通じた間接的なツールの活用が増えます。

もちろん、こうしたツールのおかげで私たちは極度の孤立状況に陥らなくて済んでいるのです。しかしながら、リアルな生身の交流をインターネットが百パーセント補ってくれるでしょうか？　人と人が直接会うことが心身に与えるポジティブな効果は絶大だと、私は思っています。いくら、ネットで繋がっているとはいえ、人と直接会えない状態が長引くと、抑うつ・不安・恐怖といったさまざまなこころの症状が深刻化し、自殺の危険性も高まることが懸念されます。

本人が不調を感じたら、早めに家族や友人、専門の電話相談窓口などに相談することが大事ですし、本人が自覚しなくても、周りが本人の不調に気づけば、ＭＨＦＡのスキルを最大限活用し、こころの応急処置をしてあげることが重要です。

運動、散歩、ヨガなど体を動かすことが、自粛しながらにして出来るストレス発散法としてお勧めです。お片づけも気晴らしに効果的なようです。自宅にいる時間が増えた時代だからこそ、これまで時間がなくて取り組めなかった過去の物品を整理してみてはいかがでしょうか。大流行の「断捨離」をすることで、気持がすっきりするかもしれません。ただし、ため込み癖がある方にとって「あんたはモノをなんでも溜め込むタイプだから、この機会にズバッと捨てなさい！」と言われることは、ストレス極まりないことです。家族に「お片づけ」を提案する際は、さきほどのハームリダクションの精神で、ほどよいお片づけを提案してください。

外出自粛が長引くと、家庭内はかえって「密」な状態になってしまい、気づかないうちに家族一人ひとりがストレスを抱えてしまいがちです。これまで外出することで発散できていたストレスが、家庭内でよどみ、同居する家族間の軋轢を大きくしてしまうのです。実際、コロナ禍での家庭内暴力・虐待の増加が報告されています。

家庭内での軋轢を解消するために、私は家庭内での「お一人さま時間」「ひきこもりタイム」の導入をお勧めしています。「いまから三〇分は、それぞれひとりで別のことをする時間にしましょう！　お互い、話さないでいましょうね」というかたちで、夫は筋トレ、妻は読書、子どもはパズルというように、それぞれ黙って何かに取り組むという時間です。部屋が幾つかあれば、それぞれの別々の部屋にひきこもるとよいでしょう。

このようにしてぜひ、コロナ禍そして「ウィズコロナ」「ポストコロナ」の時代を乗りたいものです。

14章 「ひきこもる能力」を身につける

□ 孤独なんて縁がない
□ 独りになりたい
□ 「孤独感」を強く感じる
□ 自分が悪い
□ 周りに申し訳ない
□ 生きがいがない

ここまで、病的ひきこもりの予防法・対処法を提案してきましたが、11章で触れたように、私は、病的ではない「ひきこもり」というライフスタイル（生き方）があってよいと思っています。物理的に孤立している状態が、「病的」となるか、あるいは「建設的」「創造的」なものになるかどうかは、私たちの心持ち次第かもしれないのです。

幾度か触れましたが、フェアバーンの精神分析理論によれば、私たち人間はこころの奥底に「拒絶する対象 *rejecting object*」（つまり「逃げたい」というこころ）を誰しもが持っています。さらに、ウィニコットになぞらえれば、「ひとりぼっちになる能力 *capacity to be alone*」の獲得こそが、母と子の二人だけの世界から「独立した大人」になるためには不可欠なのです。他方でフェアバーンは「人間というものは対象希求的だ（他者を求める生き物だ）」ともいっています。私たちの原始的なこころのなかは、「一人でいたいけど、一緒にいたい！」というアンビバレントに満ち満ちているのです。

一緒にいること　みんなに合わせること

本書の冒頭で紹介した外資系企業にスカウトされた研究職のIさん。

周りから「変人」「変わり者」と呼ばれても動じないIさんのことを、読者のみなさん、どう思いましたか？「日本人なのに協調性がないなんて、最低！　調和がなにより大事なのよ！」という人もいれば、「不調和音、ようやった！」と応援したくなる人もいることでしょう。

いまの日本社会では、まだまだ前者の感性が強いようです。前者の価値観が重視される社会というのは、〝みんな〟が重視される社会といっては大袈裟でしょうか。「みんなのように」「みんながしているから」「みんながもっているから」――私たちの生活は〝みんな〟に縛られていると思いませんか?

Iさんは幸か不幸か〝みんな〟を気にしないタイプのようです。ですから、周囲からすると「孤立している人」あるいは「孤立して当然の人」のように見えるかもしれません。マイペースすぎるIさんですから、大卒後に入社した調和を重んじる会社のなかでは「出る杭」として厳しく打たれたのでしょう。Iさん自身は、会社のなかでの孤立、そして単身でひきこもり生活しながらの孤立生活を、どのように体験してきたのでしょうか。

集団のなかでも独りでいられること

Iさんは、風見鶏のように〝みんな〟に合わせることばかりを最優先に考えている人たちとは違う心持ちだったのではないでしょうか。風見鶏タイプの人は、無意識的には「独りぼっちにだけはなりたくない」という思いが強いのかもしれません。であれば

こそ、〝みんな〟にあわせて「普通」になろうと必死なのでしょう。じつは風見鶏タイプの人ほど、物理的に孤立せざるを得ない状況に陥ったときに〈病的ひきこもり〉状態に陥りやすいのです。前述の図に擬えると【図6】、Aの世界からBの世界に急激にシフトしてしまうのです。「みんな」に合わせているAの状態も、〝みんな〟に合わせる顔がないとひきこもっているBの状態も、どちらともクラインのいう〈妄想分裂（PS）ポジション〉なのです。

Iさんは、おのずとCのこころの状態を体得してきた方のようです。もし、Iさんという人物が私の身近にいるとすれば、「孤高の人」として私はIさんに畏敬の念を抱くかもしれません。私は本書のなかで、Iさんのように「集団のなかにいても一人でいることができる」能力のことを〝ひきこもる能力〟と呼ぶことにしました。この能力を得ることで、物理的にひきこもっていても、いなくても、自分らしく生きることが出来るはずです。

Aの〈ひきこもり〉を知らない世界の住人のみなさん、Bの〈病的ひきこもり〉の世界へ引きずり込まれたくなったら、是非とも〝ひきこもる能力〟を身に付けてください。さらに、その能力を獲得することでBの世界からも脱出することができると、私は思っています。

それでは、〝ひきこもる能力〟はどのようにしたら身につくのでしょう。

◇「みんな」という言葉を使わない
◇「私は」のすゝめ
◇「1つだけのレール」からの脱却
◇「多種多彩な人生のレール」を自らが創出できる社会を作る
◇沈黙を楽しむ
◇「孤独感」を味方にする
◇自分の弱さに明るい光を当ててみる

15章 みんなの世界

読者のみなさん、普段どのくらい〝みんな〟という言葉を使っていますか。

もし〝みんな〟という言葉が口癖であれば、あなたはAの世界の住人かもしれません【図6】。Bの〈病的ひきこもり〉の世界の住人のみなさんも、「みんなのようにできないから……」「みんなはいいよな、どうせ俺は……」という具合に、〝みんな〟という言葉で頭が一杯ではありませんか？

ただし、〝みんな〟が口癖だからといって、ショックを受ける必要はありません。この日本社会では、生きていくうえで大なり小なり〝みんな〟という言葉は、とても重要な意味を持っているからです。

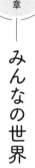

わたしはどこ？

私たち日本人の日本語による会話の特徴は、主語なくして会話が成り立つところにあります。そこで問題なのは、いざ、主語が必要になったときに「みんな」を主語にしがちなのことです。『みんなは出来ているのに、なんで、あなたはできないの！』というように、子どもを叱ったりすることとありませんか？　そうすると、叱られた子どもにとって「みんな」イコール絶対的な「すべての人」になってしまいます。『みんなは……』と言われた子どもは「わたしだけが出来ないんだ！」と信じ込み、小さな傷つきとしてこころに刻まれるかもしれません。

ひきこもりの誘因として、虐待やいじめといったPTSDに繋がるような大きなトラウマがありますが、じつは、大きなトラウマ体験がないひきこもり者の方が少なくありません。「とくに何も傷つくようなことなかったのに、なんで？」と周りからは思われるかもしれませんが、当事者にとっては〝みんな〟という言葉によって小さな傷つきを慢性的に体験しつづけることで、「自分なんかどうせダメな奴だ」という劣等感（低い自己肯定感）が形成されてきたのかもしれません。

そうあってほしいのは誰？

〝みんな〟の代わりに、〝わたし〟という言葉を積極的に使うことで、「みんなのひきこもり社会」が変わることを、私は期待しています。

〝みんな〟という言葉は、「誰が」「どうして」という部分を割愛できるという意味で非常に便利な言葉です。〝みんな〟という不可視な「絶対的な存在」により、発言者の責任も、理由の説明も、不要になるのです。そしてその分、〝みんな〟を用いた命令は、責任をもって自分の意思で行動する力が育まれることを、阻害してしまいかねないのです。こうして育った子どもは、「普通とは何か」を考えてばかりいる風見鶏のような大人になってしまうかもしれないのです。

子どもになにか注意するとき、『みんなやっているんだから、あんたも△△しなさい！』という代わりに、『わたしは（○○の理由で）あなたが△△することが大事だと思うの』というように〝わたし〟を主語にしてみてはいかがでしょう。

『わたしは』と語ることで、発言者（親）は発言者自身の責任というものを自覚せざるをえなくなります。子どもにとって本当に響く言葉は、親みずからの責任のもとで発せられた言葉なのです。〝みんな〟の存在が親子関係に割って入ることで、親と子どものあいだで本来継承されるべきものの多くが、宙ぶらりんになってしまうのです。「わたしはおまえに、こうなってほしい」という言葉が「みんなのように、おまえもちゃんとレールに乗っていきなさい！」という言葉に置き換わってしまうことは、親子双方にとって、とても残念なことではないでしょうか。

みんなで「みんな」から脱却

こうして〝みんな〟の社会は、あたかも「一つだけのレールが存在するに違いない」という集団幻想を私たちに与えがちです。逆に『わたしは……』が多用される社会のなかでは、個性が育ちます。これが、集団主義的な日本にひきこもり者が多く、主語なしでは会話が成り立たない個人主義の欧米ではひきこもりが（最近まで）少なかった所以かもしれません。『みんなは……』の代わりに『わたしは』と語ることで、多様なレールの存在を認識し肯定できるようになります。『わたしは、こう思うけど……』と発することで、わたし「以外」の存在に自覚的になれるのです、つまり、多種多彩なレール・生き方・考え方を想像できる世界に、私たちを誘ってくれるのです。そして、自分自身の責任で地に足がついた行動が出来るようになります。

ここで敢えて、「みんな」という言葉を使ってみます、みんなが〝みんな〟の言葉を控えることで、〈病的ひきこもり〉が生まれない社会になるのではないかと、私は期待しているのです。

みんなって　だれ？

もちろん、そうそうすぐに〝みんな〟の社会がかわることはないでしょう。

でも、一人ひとりが〝みんな〟への具体的な対処法を身につけることで、〈病的ひきこもり〉から遠ざかることが出来るはずです。

すでにおわかりのように、〝みんな〟というのは絶対のものではありません。そこで提案なのですが、『みんなは……！』と発せられたときには、「あなたは、みんなという見えないものとわたしを比較しようとしているのね」と、すこし上から目線の心持ちをもってみてはいかがでしょうか？　この心持ちは、『みんなは……！』と言われつづけて自信を喪失しかけている方々に有効かと思います。

この本の序章でも触れましたが、私自身、『みんなは〇〇しているのに、貴方は！』と言われることが、苦痛で我慢ならない人間なのです。そんな私は、こころのなかで「みんなって、誰だよ!?」とつぶやくようになってから、こうした発言が以前ほど気にならなくなりました。

変人のすゝめ

「みんなと違う」ことは、悪いことでしょうか？　変人って、悪人でしょうか？　多くの偉人が変人であることを皆さんご存じでしょうか……「普通じゃない」からこそ、達成できうることがたくさんあるのです。

私もある時期までは、〝みんな〟に合わせようと必死に生きてきました、まさに〝みんな〟の世界を百パーセント生きようとしていました。でも限界がきて、やめる試みを始めたのです。

たとえば、こんなことがありました、

テレビを観ないことにしたのです。そうすると〝みんな〟に合わせることができなくなります。しかしながら、それでも集団のなかに図太く居続けると「テレビを観ない加藤」としての存在を、周りも受け入れてくれるようになるのです。もちろん、テレビの話題にはついていけません。でも、そのおかげで、「みんなに合わせなくては」という無意識のプレッシャーの世界から解放されたのです。

人の話題に入れないときに感じていた、集団のなかにいるからこそ感じる「疎外感」「孤立感」から徐々に解放されていきました。そうすると、「独りぼっち」という苦痛な〝孤独感〟を強いられる時間も、贅沢で楽しい「ひきこもりタイム」にかわっていったのです。この時間を使って、いまもこうして執筆しているのです。

もちろん、こうした私の変化に大きな影響を与えたのは、精神分析（そして精神分析的なグループサイコセラピー）の身をもっての体験です。本書では詳しく述べませんが、〝孤独感〟を味方にするためには、「沈黙の時間を一人ではなく、二人以上の人間と過ごす」という体験が何より大事だと、私は思うようになりました。「みんなのように振る舞えない自分」の弱さを直視するためにも、サイコセラピーの経験が役立ちました。〈ひきこもる能力〉を獲得するためのサイコセラピー、これから開発してゆきたいものです。こうしたサイコセラピーによって、「つながり時代」を生きる私たちが直面する生きづらさから幾ばくかでも開放されればと願っています。

16章

思春期から卒業するコツ

一九九八年に出版された齊藤環氏の本『社会的ひきこもり』の副題は「終わらない思春期」でした。私自身、ひきこもり臨床に二十年ほど携わってきて実感するのは、彼ら／彼女らは四十歳になっても五十歳になっても思春期なのだ、ということです。「永遠に迎えられない卒業」というのは、ひきこもり者における永遠の課題なのです。ですから逆に、「終わる」という〝卒業〟を意識することでひきこもりを予防できますし、病的ひきこもりから卒業できるはずです。

ほどよい父性

ダスティン・ホフマンが主演した一九六七年の米国映画《卒業 *The Graduate*》をご覧になったことはありますか？

有名大学を卒業するも何の目標もないままに実家でひきこもり的な長期休暇を送っていた主人公ベンジャミン。彼がひきこもり的な生活を脱する契機となるのは、父親からの叱責、そして、恋だったのです。最後にもの悲しく流れるサイモン&ガーファンクルの「サウンド・オブ・サイレンス（私訳：ひきこもりの予感）」。現代のつながり時代における集団の孤独を予言するような歌詞なのです。私がまだ生まれていない時代の映画と歌です。

米国精神医学会でひきこもりに関するシンポジウムを二〇一八年に開催したのですが、そのニューヨーク行きの機内で久々にこの映画を観ました。壇上で私は「ベンジャミンこそは、米国で最初のひきこもりケースではないか?!」と最後のスライドでジョークを言ったのですが、下手な英語で上手く伝えることはできませんでした。いずれにしても、ひきこもりからの脱出（予防）において、欧米諸国では日常生活に染みこんでいる（追い出す）父性の存在、そして恋をすることが大事であろうと、ますます思うようになりました。

フロイトのエディプスコンプレックスをあげるまでもなく、欧米社会では父性が強く、父親は母親と子どもの間に割って入り、子どもを家庭の外に追い出すのです。この力が子どもの親離れ・独立心を育てるようです。日本社会ではあからさまな父権的態度は煙たがれますから、ひきこもり状況に適切なかたちで釘を打つ存在が家庭において不在になりがちなのです。

ただし、『では「出て行け！」と怒鳴りつければいいんですね！』と誤解されては困ります。ただむやみに叱りつけることが父性的態度ではありません。子どもの成長を願い、敢えて厳しい態度をとる。そのタイミングが訪れるまで、父子の信頼の土台を日常生活の中で熟成させておくことが大事なのです。さきほどのL君。子育てを母親に任せっきりで滅多に家に帰ってこない父親に叱責されたのがひきこもりの契機になっています。

不在がちな日本の父親にとって子どもとの絆を育むことは大きな課題です。ほどよい父性《good-enough father》が日本全体に宿ることで、〈病的ひきこもり〉が発生しづらい社会になるかもしれません。

恋すればひきこもっていられない

なお、日本では「色恋」や「性愛」といったものは隠蔽されがちですが、欧米ではかなりオープンです。この文化差も、ひきこもり発生に大きく影響しているはずです。前述したよ

うに、私のラボでは、ひきこもり者が「色」を避けがちであるという傾向を見出しましたが、たしかにひきこもり者の中にはリアルな色恋を回避する一群が存在します。

漱石の小説『こゝろ』の主人公「先生」は、「恋は罪悪」といって、みずから命を絶ちました。色恋や性愛が「悪」って、本当ですか？　私たちが生まれたのは、こうした営みのおかげなのですが、私たち日本人は「左利き」と同じように、どこか無意識のうちに「悪いこと」というイメージを植え付けてしまってはいないでしょうか。

なんでも教える学校ですが、色恋の授業だけはありません。端っこに置かれたこうした営みは、放課後にこっそりとおこなわれるわけです。「悪くはない」ものとしてリアルな恋愛が盛んに営まれるような社会になれば、部屋で一人でひきこもっていることはつまらなくなるはずです。《みんなのうた》を唄いながら、そんな社会を想像してみませんか。

愛を止めないで　君よあるがまま
揺れる想いを　抱きしめながら
Anyway 独り身の lonely girl

サザンオールスターズ《みんなのうた》（作詞・作曲　桑田佳祐）イントロ部分

フロイトは、「戦争はなぜ終わらないのか?」という物理学者アインシュタインとの往復書簡のなかで、私たちを壊滅にむかわせる「死の欲動」タナトス *Thanatos* に抗するための処方箋として、「生の欲動」エロス *Eros* の力を高めることを提唱しています。

「死の欲動」の表現型のひとつがひきこもり行動である、と私は思っています。フロイトがいま生きていたら、ひきこもり打開のために、エロスが許容されやすい社会の構築を積極的に奨めることでしょう。「色恋・性愛」の居場所づくりは、これからの日本社会における重要な課題かもしれません。

大人だって半人前

最後に、なぜ、ひきこもり者は思春期を卒業できないのでしょう。

「みんな」の世界で育った子どもたちにとって、大人の世界はとてつもなく「おとな」の世界で、それは恐ろしい世界なのでしょう。『「みんな」のようにできるようにならないと卒業できない』という思い込みが、親離れ・学校離れを困難にし、ひきこもりという行動により、大人の世界に入ることを困難にしているのかもしれません。

ひきこもり者の多くが「正社員になること」を大人になることのモデルにしています。「みんなのように立派に大学を卒業して正社員になる」というレールは、昔の日本社会におけるみんなの幻想で、いまの日本社会ではこうしたレールに乗ることができる方は限られていますし、そのレールに乗ったからといって未来が保証されているわけではありません。

実際には、偉そうな「大人」だって、知ったかぶりの「先生」だって、みんな完璧ではないのです。学校を卒業しても、思春期を卒業しても、時には「子ども」みたいに無邪気になったり、怒ったり、甘えたりしているのです。こうした大人の真実の世界を、子どもが知る機会を得ることは、子どもが自らの意思で卒業することを強く後押ししてくれると思うのです。「卒業しても子どもの部分があってもいいんだ！」という安心感を与えるのです。

大人の真実の世界を子どもに伝える

逆に言えば、真実を隠すこと、つまり、完璧な親としての姿だけを子どもに見せようとすればするほど、子どもは萎縮してしまいかねません。強さも弱さも併せ持つ大人のモデルとして親が子どもに対峙することで、子どもはそこまで臆することなく卒業し、大人の階段を一歩一歩あゆみだすことができるようになるはずです。

病的ひきこもりが生まれにくい社会を作るためのエッセンス。まだまだあると思いますが、これで本書の幕を閉じたいと思います。中途半端であっても終わる（卒業する）ということ。これこそが、ひきこもり予防のためのエッセンスなのです。ひきこもりのこと、これからも是非みんなで考えてゆきましょう。

エピローグ

ひきこもりという生き方

これまで私は、ひきこもり外来などを通じて多くのひきこもり状況にある方々やそのご家族と関わってきました。本書の最後に、これまで関わってきた数々の症例におけるエピソードを元にして、ある架空のケースO君の人生を描写してみたいと思います。

O君は、親や教師といった周りの期待に応えようと必死で受験勉強に励み、現役で超一流大学経済学部に合格し、晴れて大学生としての一人暮らしを始めました。

田園が残るのどかな地方都市で生まれ育ったO君にとって、家族、そして、地元は、人間関係が濃厚すぎて窮屈な場所そのものでした。地元の一流校ではなく、遠方の大学を選んだのは、実はO君だけが密かに抱いていた「地元から逃げたい」という思いからでした。親元から離れての一人暮らしはパラダイスでした。

これまで超一流大学の受験、そして親元から離れるという大きな目標があったのですが、その目標を達成し終えたO君にとって、その後の人生は何色に写っていたのでしょう。幼い頃から将来の夢を抱いていたかというとそうではなく、ただなんとなく与えられたレールに乗り、この大学に入学し卒業さえすればそれなりのバラ色とまではいわなくても輝かしい人生のレールが用意されていると漠然と信じていたのです。

自由ではありましたが、独りアパートで暮らしていると、寂しさのようなものを漠然と感じるようになっていました。自由の先に孤独感が待ち受けているとは思ってもいないことでした。学生食堂の掲示板に貼られていた文化系サークルの勧誘のチラシを目にして、さっそく入ることにしました。サークル活動自体は楽しいとまでは言えませんでしたが、サークルの先輩・同期との交流が始まったことで、若干の彩りが与えられました。サークルで知り合いになった同級生と付き合うようになりましたが、数ヵ月後、「つまらない」と遠巻きに言われ、失恋してしまいました。この失恋を契機に、サークルばかりではなく大学の授業にも通わずにアパートの部屋にこもるようになりました。かろうじて、週二回の家庭教師のバイトだけは続けていました。

結局、O君は留年を重ね、大学を中退することになりました。親からの仕送りもストップされ、やむなく、実家に帰ることになったのです。実家では、家族との会話は少なく、当時の栄光の残渣物としての学習机が残された四畳半の部屋にこもりっきりで、「また不自由な世界に戻された」という苦悩とともに「親の期待を裏切ってしまった」という罪悪感も重なり、悶々とした日々を送るようになりました。実家の両親としては、期待の星であった息子の挫折にどのように対応してよいか途方に暮れていました。「近所にあわせる顔がない」と、息子の挫折した姿を悲しむ（哀れむ・恥じる）母は、次第に心身の不調を呈して情緒不安定になり、時には「あんたのためにどれだけのことをしてきたと思っているのよ!!」と、ついつい罵声を浴びせてしまうこともありました。O君は、高校まで過ごした地元の友達との付き合いを再開するでもなく、誰とも直接的には交流せずに自室でインターネットばかりして過ごしていました。

結局のところ、O君のひきこもり状況は一向にかわらず、母親は逡巡の末、回覧板でみた公共機関での「ひきこもり無料相談」という案内を目にして、意を決して電話をかけたのでした。電話相談を経て、「ひきこもり無料相談」の私のもとへ母親が訪れたのは、O君が三十歳になるのを数ヵ月後に控えた春の日のことでした。まず私は、母親の話を一時間ほどかけてゆっくりとお聴きして、数年来、息子のことで誰にも相談できずにいたこと、最近では暴言がエスカレートし、いつ暴力を振るわれるか冷や冷やしていること、いまでも毎食かかさず食事を作って時には部屋まで配膳していること、などなど。「息子から『おまえの育て方が悪かったんだ!』と言われて……たしかにそうかなって……」こうしたエピソードを涙ながらに語る母親に、「あなたが支えてくれたからこそ、いままでO君はひきこもりながらも生き延びてきたのでしょう」と、O君を抱え続けてきた母親を私は労いました。

初回の「ひきこもり相談」において、私は、家族がひきこもるこどもを理解し、こどもとむきあうための幾つかの要点を初回に伝えるようにしています。まず、来談した家族を労い、「ご家族自身が元気を取り戻すことがなにより大事ですよ」と伝えます。家族むけのひきこもり教室やひきこもり親の会といった社会的資源を紹介します。そのうえで、「一言でひきこもりといっても多種多彩です。精神疾患を患っている人もいますが、グレーゾーンの方もいます。病気であってもなくても、それぞれの方の特性・状況に応じた支援が必要になります。そのための専門外来がありますから、どこかのタイミングでO君に、私の外来を紹介してもらえればと思います」という具合に、A４一枚のメールアドレスの記された案内パンフを渡します。母親は、ひきこもり支援のための家族教室に通い始め、親の会の方々とも交流を始めました。

市民むけのひきこもり講演会に両親で参加したこともありました。『ミイラ取りがミイラになってはいけません。息子さん、娘さんのために、ご自身の人生をすべて犠牲にしていませんか？　子どもにばかり目がむいていませんか？　お母さん！　たまには、お父さんと一緒にデートにでもいってみてください。きっと、ひきこもっている息子さん、娘さん

にポジティブな変化が現れますから』と、フロアにむけて私は語りかけてみました。ひきこもっている子どもにとって、両親が自分のためにすべてを犠牲にしていると感じることは、子どもたちにさらなる苦悩を与えかねません。ひきこもる子の苦悩をねぎらいつつ、自分の幸せを捨てないことも、ひきこもり支援には必要なのです。親むけの講演会では「なんでもいいから、ひとつでも、お父さん・お母さんご自身が楽しみを見つけてください」とメッセージを送っています。

「苦しんでいたのは私だけではなかった」
「そうか、こういう風に声をかけるといいのか」
「わたしの思い込みや私の希望だけを息子に押しつけていたのかも……」
「人が変わるって簡単ではないですね、いまでもついつい息子に小言を言ってしまうんです」
「わたしも、息子のことでここ数年頭がいっぱいでした、夫や周りから見たら、私こそがひきこもりみたいにみえていたかもしれませんね」
「夫にもたまには優しくしないといけませんね」

こうしてO君の母親は、ひきこもる息子と新しいかたちでむきあいはじめ、家庭以外に緩やかなつながりの場を育み始めたのです。

こうした両親の変化が起爆剤としてO君に届いたのでしょうか。O君が私の外来に姿を現したのは、それから数ヵ月後のことです。

両親に連れられてきたO君は、『ぼくはどこも悪くありませんから。ただ、ちょっと昼夜逆転しているくらいです』と、ぼそりと語り、黙り込みました。目鼻立ちのよい青年で、身なりもしっかりしていましたから、一見すると、二四時間自室にこもっているひきこもり的な人には見えませんでした。心理検査を含むアセスメントをかねた外来にしばらく通ってきてもらうことにしました。

病的レベルの幻覚、妄想、抑うつ、不安はなく、いわゆる精神疾患の診断基準は満たしませんでした。強いて挙げるとすれば、回避性・シゾイドパーソナリティ障害の傾向をもつ人で、心理検査からは自己肯定感の低さが際立っていました。孤独感をみずから訴えることはありませんでしたが、どこかO君の瞳の奥には、哀しみのようなものが感じられました。

私は、主治医として、まずは昼夜逆転の改善をめざす薬物療法をおこなうとともに、O君が社会復帰をスムーズにするために、ひきこもり支援センターや就労移行支援事業所などを紹介しました。

ビジネスマナーを一から学び、日本の会社で適応するための最低限のマナーを習得したようです。O君にはパーソナリティに働きかけるサイコセラピーが有効であろうと、出会ったときから判断しており、ある段階で、外部機関の臨床心理士による週一回ペースの精神分析的精神療法を導入しました。サイコセラピーのなかで、理想の自分、周りから求められる自分と現実の自分とのギャップをみつめる機会となり、ありのままの弱い自分の姿にむきあい始めたのです。集団精神療法にも一時期、参加しました。多くのメンバーが最初は沈黙を苦痛に体験するのですが、O君は、沈黙でいることが平気なようでした。私は内心、かわったタイプのひきこもりだなと思いました。こうしたグループ体験も功を奏したのか、ダメだと思い込んでいた自分の部分こそが実は強みでもあることにも自覚的になったようです。

結局、O君はどんな一流企業だって就職できるほどに回復したのですが、企業には就職しませんでした。たまたま昔の友達と会い、O君がパソコンが得意だということで、ホームページを作る能力もあることがわかり、

地元でそういうインターネット関連のサービスをときどき請け負うという仕事をするようになったのです。ひきこもっていた十年あまり、O君はプログラム言語を独学で学びながら、密かにハイスペックな趣味のサイトを作っていたのです。O君の作るサイトは巷で評判になりました。ほとんどのビジネスのやりとりはネットで可能なため、地元以外からの仕事依頼が舞い込んでくるようになりました。

O君のいまの生活ですが、今でも直接的な人づきあいが多いわけではなく仕事も自宅で可能なため、物理的にはひきこもっているのですが、実際には、昔のように母親に暴言を吐くO君ではなく、母親の誕生日にはプレゼントをするO青年になったのです。社会と関わることで少しずつ自信がついてきて、ひきこもりという自分の生き方を肯定的に捉えることができるようになったようです。年に数回、旧友との付き合いがあるようですが、周りはO君のことをひきこもりとは思っていないようです、ネット商売で羽ばたいている奴と思われているみたいです。

もし、O君が、その一流の大学を卒業して、一流の企業に就職していたら、どのような人生を歩んでいたのでしょう。それなりの人生を歩んでいたかもしれませんし、いずれ、どこかで躓いていたかもしれません。長年の病的といえるようなひきこもり生活を経て、O君は「ポジティブなひきこもり青年」として自分の人生に輝きを見出すことができるようになったのです。

あとがき　インターネットとプチひきこもりと私

二〇一九年秋に連載をはじめて、ちょうど一年が経ちました。コロナ禍により、私たちの日常は大きく変容してしまいました。物理的に外に出ないことが奨励されるようになり、二〇二〇年はこれから始まる「みんなのひきこもり」時代の幕開けかもしれないと思うことさえあります。こうした過渡期に、木立の文庫オンライン連載、そして、本書を執筆する機会に恵まれました。

私はなぜこれほどまでにひきこもり臨床や研究に関わってきたのか、この機会に少し振り返ってみます。

読者のみなさんはすでにお気づきかと思いますが、実は私自身がひきこもり的人間なのです。この本のなかでも吐露しましたように、私はプチひきこもり的な大学生活を送っていました。きつかけは、運動部で骨が折れた体験です。

もともと運動が苦手で中学時代野球部で万年補欠だった私は、大いなる勘違い、つまり、「医学部の学生は勉強ばかりしてきたから、みな運動が苦手に違いない」という思い込みがあり、新入生歓迎会の席で、先輩に誘われるまま、ついつい体育会系部活に入ってしまったのです。原稿やウェブ上では伝わりようがないのですが、私は背が高いのです。長身というだけで「こいつは運動ができそうだ」という錯覚を周囲に与えてしまうわけで、その錯覚の世界についつい乗ってしまうか、逆にひっこんでしまう気弱な私なのです。幾つかの体育会系部活から声がかかりました。バレーボール部、バスケ部、そして、ラグビー部。「中学時代は小さくて真ん丸のボールだったから、うまくいかなかったのだ」という、またもやへんてこりんな思い込みで、大きくて楕円形のボールを扱うラグビー部に入りました。ところが運動が苦手で、集団も苦手だから、うまく行くはずがなく、骨折したのを機に、逃げ出すように退部しました。

プチひきこもり状態に陥りましたが、台頭したばかりのインターネットの世界にのめり込むことで、孤独感をそれほど自覚することなく、昼夜逆転の生活を送っていたのです。幸い、仲間に救われて、なんとか大学を卒業し、精神科医になることができました。意識的ではありませんでしたが、ひきこもりの患者さんを多く受け持つようになりました。彼ら／彼女らのこころのなかに、私自身との共通項を見出しやすく、そこに共鳴しやすい私がいたからだと思うのです。

しかし、患者に共感・共鳴できることと、患者を治すことができることはイコールではありません。治療者としての腕を磨かねばと思い立ち、無意識の闇の世界を取り扱う精神分析を習得すべく、当時、九州大学箱崎キャンパスにおられた北山修先生の元へ足繁く通い、指導を賜りました。細胞実験をしながら精神分析もやりたいという中途半端な私に辛抱強くご指導くださった北山先生に、深謝いたします。本書の肝となるウィニコットやフェアバーンの考えの発展系は、「北山理論」によるところが大きいのです。

九州大学精神科では、私が民間病院での武者修行を終えて若手医員として大学病院に戻る直前に、教授として着任された神庭重信先生から十五年余り、数多くのことを授かりました。ひきこもり研究外来の立ち上げなどなど、神庭先生のご尽力なくしてこうした仕事はできませんでした。深謝いたします。

ひきこもりの国際共同研究は、米国の友人アラン・R・テオと二人三脚でやってきました。サンキュー・アラン！

現在、私はひきこもり研究外来とひきこもり研究ラボを運営しています。連携している福岡市のひきこもり支援機関のみなさんに感謝いたします。日々頑張ってくれているラボのみなさんに感謝します。

他にも数多くの方々のご支援により、こうした活動を続けることができました。一人一人のお名前を挙げませんが、この場を借りて、厚く御礼申し上げます。

臨床活動を通じて多種多彩な〝ひきこもり〟という生き方が存在することを知ることができました。ひきこもりの奥深さを教えてくれた当事者のみなさんに感謝します。

本書の執筆作業は、学術論文のライティングとは違う新鮮な体験でした。木立の文庫代表の津田敏之さんには、毎週のズーミート（zoom での meeting の略称）でご助言や励ましをいただき、ありがとうございました。振り返ると今回の執筆作業は、津田さんと二人でひきこもりの世界を旅しているような心持ちでした。私にとって初の単著となる本を、誕生してまもない木立の文庫から出版できますこと、光栄です。

ひきこもり臨床は、家族臨床そのものです。私自身が家族から授かったもの・家族に抱えられたことが臨床活動の支えになっています。故郷の家族、そして、いま生活をともにしている家族に、謝意を伝えたいと思います。

本書が、いまひきこもり状態におかれている方、その家族にとっての処方箋となればと願っておりますし、さらには、「ウィズコロナ」「ポストコロナ」の時代を迎えるにあたって、私たち一人一人が病的ひきこもりに陥らないための処世術として、少しでもお役に立てれば幸甚です。

加藤　隆弘

以下の補足項目(specifiers)は必須項目ではないが、ひきこもりの状態を詳しく把握する上で重要である。

A) **社会的参加**. 学校や仕事といった社会参加の有無や程度を評価する。医療福祉機関や支援機関に通院・通所しているかどうかも評価する。この補足項目はニート状態(not in education, employment, or training, NEET)にあるひきこもり者の評価に役立つ。

B) **直接的な交流**. 自宅外で意味のある直接的な対人交流が週2-3回(軽度)、あるいは、週1回以下(中等度)に限られているかどうかを評価する。同居する家族との直接的な交流さえもほとんどない場合は重度とする。買物などでの挨拶程度の交流は意味のある交流に含まない。この補足項目は、ソーシャル・ネットワーク・サービスやオンラインゲームといったデジタル通信技術を介した社会的交流を持っているひきこもり者でも該当しうる。

C) **間接的な交流**. 現代社会におけるインターネットの普及により、遠隔技術を介した間接的な交流が日常生活に普及してきている。したがって、直接交流に加えてこうした間接交流の有無を評価すべきである。ひきこもり者の中には、ソーシャル・ネットワーク・サービスやオンラインゲームを通じて双方向性の間接的交流を日常的におこなっている者もいる。

D) **孤独感**. ひきこもりの経過が長くなればなるほど孤独感を持ちやすくなる。初期段階では孤独感をもたないこともありうる。

E) **併存症**. 回避性パーソナリティ障害、社交不安症、うつ病、自閉スペクトラム症、統合失調症といった精神疾患の併存が稀ではない。

F) **発症年齢**. 10代の不登校や成人早期に発症することが多いが、30代以降に発症することも稀ではない。

G) **家族パターンや家族力動**. 家庭における社会経済的状況や養育スタイルがひきこもりに影響を与える可能性がある。

H) **文化的影響**. ひきこもりは日本で最初に報告されたが、最近では東アジアや欧州諸国など多くの国で報告されている。何らかの社会文化的状況がひきこもりの国際化に寄与している可能性がある。

I) **介入/治療**. いまだ強固なエビデンスに基づく介入/治療法は開発されていないが、薬物療法(特に精神疾患を併存する場合)、サイコセラピー、ソーシャルワーク、家族支援といった様々なアプローチが実践されている。上記項目の評価に基づき、個別性に配慮した介入が望まれる。

表1.「病的ひきこもり」の定義（診断評価基準）

（Kato, Kanba, Teo. World Psychiatry 2020 & Psychiatry and Clinical Neurosciences 2019から引用・改変）

[定義] 病的な社会的回避または社会的孤立の状態であり、大前提として自宅にとどまり物理的に孤立している状態である。
下記の３つをすべて満たすこと：

① 自宅にとどまり社会的に著しく孤立している。

② 社会的孤立が少なくとも６ヶ月以上続いている。

③ 社会的孤立に関連した、臨床的に意味のある苦痛、または、社会的、職業的、または他の重要な領域における機能の障害を引き起こしている。

外出頻度が週2-3回を軽度、週1回以下を中等度、週1回以下でかつ自室からほとんど出ない場合を重度とする。外出頻度が週4回以上の場合には診断基準を満たさない。なお、短時間のコンビニなどへの外出は意味のある外出に含めない。期間が3ヶ月以上で6ヶ月未満の場合は「前ひきこもり(pre-hikikomori)」とする。社会的状況を回避したり精神疾患を併存している者は少なくないが、評価は容易くない。したがって、今回の定義では「社会的回避」は必須項目にせず、「併存症の有無」は問わないこととする。③に関して、ひきこもりの初期段階では孤独感といった主観的苦痛を認めないことが多く、機能の障害と併せて慎重に評価すべきである。

表2. 22項目版・現代うつ・病前性格 尺度（TACS-22）

（Kato, Katsuki et al. Psychiatry and Clinical Neurosciences 2019より引用）

以下の文章は普段のあなたにどのくらいあてはまりますか？
最も適切な番号をひとつ選び、○をつけてください。
あまり深く考え込まずに答えてください。

		あてはまらない	あまりあてはまらない	どちらでもない	少しあてはまる	あてはまる
1	周囲から休むように言ってもらいたい	0	1	2	3	4
2	自分は傷つきやすい人間だ	0	1	2	3	4
3	仕事や勉強より、好きなことだけをして過ごしたい	0	1	2	3	4
4	人生は何とかなると思う	0	1	2	3	4
5	社会人や学生という枠にはめて欲しくない	0	1	2	3	4
6	社会がなくなってしまえばいいと思う	0	1	2	3	4
7	周りの人に自分の個性を尊重してほしい	0	1	2	3	4
8	何事も完璧でないと気が済まない	0	1	2	3	4
9	人生には苦労が必要だ	0	1	2	3	4
10	誰も自分を理解してくれない	0	1	2	3	4
11	周囲に合わせるよりも、マイペースに生きていきたい	0	1	2	3	4
12	自分は価値のない人間だ	0	1	2	3	4
13	調子が悪い時に休むのは当然だ	0	1	2	3	4
14	周囲の人のサポートが足りない	0	1	2	3	4
15	人に頼りたい	0	1	2	3	4
16	周囲の人から気をつかわれるとつらい	0	1	2	3	4
17	したくないことには手を抜く	0	1	2	3	4
18	身に覚えのないことで非難される	0	1	2	3	4
19	あまり苦労せずに生きていきたい	0	1	2	3	4
20	つらい気持ちが表情や動きに出やすい	0	1	2	3	4
21	世の中には無駄な決まりが多い	0	1	2	3	4
22	今の自分の状態は周りの人の責任だ	0	1	2	3	4

項目4と項目9を逆転項目として、項目1～22の合計を算出。
Kato, Katsuki et al. 2019に基づくと、大うつ病患者（67名）での「現代うつ気質」の陽性・陰性の判別精度AUCは0.757（感度63.1％、特異度82.9％）で、カットオフ値は54点。

表3. 25項目版・ひきこもり尺度（HQ-25）

（Teo et al. Psychiatry and Clinical Neurosciences 2018より引用）

最近６ヶ月間で、以下の文章はどのくらいあなたにあてはまりますか。
最も適切な番号をひとつ選び、○をつけてください。

		あてはまらない	あまりあてはまらない	どちらでもない	少しあてはまる	あてはまる
1	人と距離をとる。	0	1	2	3	4
2	一日中ほとんど自宅で過ごす。	0	1	2	3	4
3	大切な事柄について話し合える人が本当に誰もいない。	0	1	2	3	4
4	知らない人に会うのが大好きだ。	0	1	2	3	4
5	自分の部屋に閉じこもる。	0	1	2	3	4
6	人がうっとうしい。	0	1	2	3	4
7	自分の生活において、自分を理解してくれようとする人たちがいる。	0	1	2	3	4
8	人と一緒にいるのは居心地が悪い。	0	1	2	3	4
9	一日中ほとんど一人で過ごす。	0	1	2	3	4
10	何人かの人に個人的な考えを打ち明けることができる。	0	1	2	3	4
11	人から見られるのが嫌だ。	0	1	2	3	4
12	人と直接会うことはほとんどない。	0	1	2	3	4
13	集団に入るのは苦手だ。	0	1	2	3	4
14	大切な問題について話し合える人があまりいない。	0	1	2	3	4
15	人との交流は楽しい。	0	1	2	3	4
16	社会のルールや価値観に沿って生きていない。	0	1	2	3	4
17	自分の人生にとって大切な人は本当に誰もいない。	0	1	2	3	4
18	人と話すことを避ける。	0	1	2	3	4
19	人と連絡をとることはあまりない（話す、書く等）。	0	1	2	3	4
20	誰かと一緒にいるよりも、一人でいる方がずっと好きだ。	0	1	2	3	4
21	自分の抱える問題に関して安心して相談できる人がいる。	0	1	2	3	4
22	一人で時間を過ごすことはめったにない。	0	1	2	3	4
23	人づきあいは楽しくない。	0	1	2	3	4
24	人と交流することはほとんどない。	0	1	2	3	4
25	一人でいるよりも、誰かと一緒にいる方がずっと好きだ。	0	1	2	3	4

項目4・7・10・15・21・22・25を逆転項目として、項目1～25の合計を算出。
Teo et al. 2018に基づくと、臨床・コミュニティーサンプル（238名）の中で「ひきこもり」のカットオフ値は44点。
Tateno et al. Front Psychiatry 2019では、ひきこもりではない学生でも44点以上の学生が多数存在することが判明。

◇ Kato TA, Tateno M, Shinfuku N, et al.: Does the 'hikikomori' syndrome of social withdrawal exist outside Japan? A preliminary international investigation. Soc Psychiatry Psychiatr Epidemiol 47:1061-1075, 2012.

◇ Kato TA, Shinfuku N, Sartorius N, et al.: Are Japan's hikikomori and depression in young people spreading abroad? Lancet 378:1070, 2011.

◇ Teo AR: A new form of social withdrawal in Japan: a review of hikikomori. Int J Soc Psychiatry 56:178-185, 2010.

・ Watts J: Public health experts concerned about "hikikomori". Lancet 359:1131, 2002.

・ Lee KM, Koo JG, Kim EJ, et al.: The Psychosocial Characteristics of Oiettolie Adolescents (in Korean). Korean J Counsel Psychother 13:147-162, 2001.

・ Tellenbach H: Melancholie. Springer, 1976.

・ Winnicott DW: The capacity to be alone. Int J Psychoanal 39:416-420, 1958.

・ Klein M: Envy and Gratitude. Hogarth Press, 1957.

・ Fairbairn WD: Psychoanalytic Studies of the Personality. Tavistock Publications Limited, 1952.

・ Freud S: Why War? The Standard Edition XXII, pp.195-216, 1933.

・ Freud S: Beyond the Pleasure Principle. The Standard Edition XVIII, pp.1-64, 1920.

本書執筆に際して、幾つかの章では過去に執筆した論文を大幅に改訂の上で引用した。

◇ Kato TA, Kanba S, Teo AR: Hikikomori : Multidimensional understanding, assessment, and future international perspectives. Psychiatry Clin Neurosci 73:427-440, 2019.

◇ Teo AR, Chen JI, Kubo H, et al.: Development and validation of the 25-item Hikikomori Questionnaire (HQ-25). Psychiatry Clin Neurosci 72:780-788, 2018.

◇ Liu LL, Li TM, Teo AR, et al.: Harnessing Social Media to Explore Youth Social Withdrawal in Three Major Cities in China: Cross-Sectional Web Survey. JMIR Ment Health 5:e34, 2018.

◇ Kato TA, Kanba S, Teo AR: Hikikomori: experience in Japan and international relevance. World Psychiatry 17:105-106, 2018.

◇ Hayakawa K, Kato TA, Watabe M, et al.: Blood biomarkers of Hikikomori, a severe social withdrawal syndrome. Sci Rep 8: 2884, 2018.

◇ Kato TA, Teo AR, Tateno M, et al.: Can Pokemon GO rescue shut-ins (hikikomori) from their isolated world? Psychiatry Clin Neurosci 71:75-76, 2017.

◇ Kato TA, Shinfuku N, Sartorius N, et al.: Loneliness and Single-Person Households: Issues of Kodoku-Shi and Hikikomori in Japan. In: Okkels N, Kristiansen CB, Munk-Jorgensen P, eds. Mental Health and Illness in the City. Singapore: Springer Singapore, 2017.

◇ Kato TA, Kanba S: Modern-Type Depression as an "Adjustment" Disorder in Japan: The Intersection of Collectivistic Society Encountering an Individualistic Performance-Based System. Am J Psychiatry 174:1051-1053, 2017.

・ Wong PWC, Yu RWM, Li TMH, et al.: Efficacy of a Multicomponent Intervention with Animal-Assisted Therapy for Socially Withdrawn Youth in Hong Kong. Society & Animals, 2017.

◇ Kato TA, Kanba S: Boundless syndromes in modern society: An interconnected world producing novel psychopathology in the 21st century. Psychiatry Clin Neurosci 70:1-2, 2016.

◇ Kato TA, Hashimoto R, Hayakawa K, et al.: Multidimensional anatomy of 'modern type depression' in Japan: A proposal for a different diagnostic approach to depression beyond the DSM-5. Psychiatry Clin Neurosci 70:7-23, 2016.

◇ Teo AR, Stufflebam K, Saha S, et al.: Psychopathology associated with social withdrawal: Idiopathic and comorbid presentations. Psychiatry Res 228:182-183, 2015.

◇ Teo AR, Fetters MD, Stufflebam K, et al.: Identification of the hikikomori syndrome of social withdrawal: Psychosocial features and treatment preferences in four countries. The International journal of social psychiatry 61:64-72, 2015.

・ Lee YS, Lee JY, Choi TY, et al.: Home visitation program for detecting, evaluating and treating socially withdrawn youth in Korea. Psychiatry Clin Neurosci 67:193-202, 2013.

社, 1996.
・北山修『見るなの禁止』岩崎学術出版社, 1993.
・土居健郎『「甘え」の構造』弘文堂, 1971.
・下田光造「躁うつ病に就いて」米子医誌2:1-2, 1950.

参考文献・引用文献：英文 （本書著者の文献は◇）

◇ Kato TA, Sartorius N, Shinfuku N: Forced social isolation due to COVID-19 and consequent mental health problems: Lessons from hikikomori. Psychiatry Clin Neurosci 74:506-507, 2020.

◇ Katsuki R, Tateno M, Kubo H, et al.: Autism Spectrum Conditions in Hikikomori: A Pilot Case-Control Study. Psychiatry Clin Neurosci, 2020 (in press).

◇ Teo AR, Nelson S, Strange W, et al.: Social withdrawal in major depressive disorder: a case-control study of hikikomori in japan. J Affect Disord 274:1142-1146, 2020.

◇ Kubo H, Urata H, Sakai M, et al.: Development of 5-day hikikomori intervention program for family members: A single-arm pilot trial. Heliyon 6:e03011, 2020.

◇ Kato TA, Shinfuku N, Tateno M: Internet society, internet addiction, and pathological social withdrawal: the chicken and egg dilemma for internet addiction and hikikomori. Curr Opin Psychiatry 33:264-270, 2020.

◇ Kato TA, Kanba S, Teo AR: Defining pathological social withdrawal: proposed diagnostic criteria for hikikomori. World Psychiatry 19:116-117, 2020.

◇ Tateno M, Teo AR, Ukai W, et al.: Internet Addiction, Smartphone Addiction, and Hikikomori Trait in Japanese Young Adult: Social Isolation and Social Network. Front Psychiatry 10:455, 2019.

◇ Pozza A, Coluccia A, Kato T, et al.: The 'Hikikomori' syndrome: worldwide prevalence and co-occurring major psychiatric disorders: a systematic review and meta-analysis protocol. BMJ Open 9:e025213, 2019.

◇ Katsuki R, Inoue A, Indias S, et al.: Clarifying Deeper Psychological Characteristics of Hikikomori Using the Rorschach Comprehensive System: A Pilot Case-Control Study. Front Psychiatry 10:412, 2019.

◇ Kato TA, Katsuki R, Kubo H, et al.: Development and validation of the 22-item Tarumi's Modern-Type Depression Trait Scale: Avoidance of Social Roles, Complaint, and Low Self-Esteem (TACS-22). Psychiatry Clin Neurosci 73:448-457, 2019.

◇加藤隆弘「日本語臨床における『先生転移』の功罪：見るなの禁止の世界を超えて」『北山理論の発見：錯覚と脱錯覚を生きる』（北山修 監修）創元社, pp.71-91, 2015.
◇加藤隆弘・Teo AR・館農勝・Choi TY・Balhara YPS・神庭重信「社会的ひきこもりに関する日本、米国、韓国、インドでの国際共同調査の紹介」臨床精神医学44:1625-1635, 2015.
◇加藤隆弘「精神分析と脳科学：ミクログリアは『死の欲動』の起源か?」臨床精神病理34:233-240, 2013.
・境泉洋・野中俊介「CRAFT ひきこもりの家族支援ワークブック：若者がやる気になるために家族ができること」金剛出版, 2013.
◇加藤隆弘・館農勝・新福尚隆・神庭重信「ひきこもりに関する初の国際共同調査の紹介：ひきこもりは海外にも存在するのか?」精神神経学雑誌:S-363, 2012.
◇メンタルヘルスファーストエイドジャパン 監訳『専門家に相談する前のメンタルヘルス・ファーストエイド：こころの応急処置マニュアル』（Jorm AF, Kitchener BA）創元社, 2012.
・齊藤万比古 編「ひきこもりの評価・支援に関するガイドライン（思春期のひきこもりをもたらす精神科疾患の実態把握と精神医学的治療・援助システムの構築に関する研究(H19-こころ-一般-010)）」厚生労働科学研究費補助金こころの健康科学研究事業, 2010.
・相田信男『実践・精神分析的精神療法：個人療法そして集団療法』金剛出版, 2006.
・松木邦裕・鈴木智美『摂食障害の精神分析的アプローチ：病理の理解と心理療法の実際』金剛出版, 2006.
・樽味伸「現代の『うつ状態』：現代社会が生む“ディスチミア親和型”」臨床精神医学Vol 34:687-694, 2005.
・渡辺健「ひきこもりへの訪問カウンセリング」臨床心理学Vol 5:289-291, 2005.
・狩野力八郎・近藤直司 編『青年のひきこもり：心理社会的背景・病理・治療援助』岩崎学術出版社, 2000.
・衣笠隆幸「『ひきこもり』とスキゾイドパーソナリティー」精神分析研究43:101-107, 1999.
・藤山直樹「ひきこもりについて考える」精神分析研究43:130-137, 1999.
・齊藤環『社会的ひきこもり：終わらない思春期』PHP 新書, 1998.
・松木邦裕『対象関係論を学ぶ：クライン派精神分析入門』岩崎学術出版

参考文献・引用文献：和文（本書著者の文献は◇）

◇加藤隆弘「ひきこもりの多面的理解と治療アプローチ：ロボット治療への期待」総合病院精神医学32(1):33-42, 2020.
◇加藤隆弘・香月亮子「現代社会における抑うつ症候群としての新型／現代型うつ」臨床精神医学49(2):219-230, 2020.
◇加藤隆弘「精神分析と脳内免疫細胞ミクログリアとの出会い：統合失調症の水治療仮説」（「精神分析と脳科学が出会ったら？」連載第6回）こころの科学No.213:108-113, 2020.
◇加藤隆弘「ひきこもり」『公認心理師の基礎と実践 第22巻　精神疾患とその治療』（編集：加藤隆弘・神庭重信）遠見書房, pp.164-180, 2020.
◇大塚耕太郎・加藤隆弘「予防と早期介入」（メンタルヘルス・ファーストエイド）『公認心理師の基礎と実践 第22巻 精神疾患とその治療』（編集：加藤隆弘・神庭重信）遠見書房, pp.228-238, 2020.
◇早川宏平・加藤隆弘「ひきこもりのバイオマーカー」精神科34:164-171, 2019.
・近藤直司『ひきこもり問題を講義する：専門職の相談支援技術を高めるために』岩崎学術出版社, 2019.
◇加藤隆弘「グローバリゼーションと社会的ひきこもり：ひきこもりは現代社会結合症候群か？」臨床精神医学47:137-145, 2018.
◇加藤隆弘「精神分析と脳科学から『死の欲動』を考える：人はなぜ戦争そして自殺をするのか」心と社会49:50-59, 2018.
◇加藤隆弘・神庭重信「社会的ひきこもり・現代抑うつ症候群に対するモチベーション障害評価システムの構築」最新精神医学22:383-389, 2017.
◇加藤隆弘・桑野信貴・神庭重信「『現代抑うつ症候群（新型うつ・現代うつ）』は閾値下うつ、あるいは、適応障害か？：精神医学的知見に鑑みて」ストレス科学32:63-73, 2017.
・近藤直司『青年のひきこもり・その後：包括的アセスメントと支援の方法論』岩崎学術出版社, 2017.
・北山修『定版 見るなの禁止：日本語臨床の深層』岩崎学術出版社, 2017.
・村中昌紀・山川樹・坂本真士「『新型うつ』の心理学的特徴：対人過敏傾向・自己優先志向と対人ストレスとの関連」ストレス科学32:90-96, 2017.
・相田信男 監訳『対象関係論の源流：フェアベーン主要論文集』（Fairbairn WD）遠見書房, 2017.
・齊藤万比古『増補 不登校の児童・思春期精神医学』金剛出版, 2016.

挿画担当

おがわさとし

◇1962年、京都府生まれ。京都大学教育学部(教育心理学科)卒業。

◇京都精華大学マンガ学部 マンガ学科／大学院マンガ研究科 教授。

・1997年『ビッグコミックスピリッツ増刊号』掲載の「水の下の千の夢」でデビュー。その後『ビッグコミックスピリッツ』『アワーズライト』、京都新聞などに作品を発表。著書に『京都虫の目あるき』〔とびら社〕がある。雑誌・書籍などのイラストも多数手がける──『悪戯文化論』〔新曜社〕、『傾聴の心理学』〔創元社〕など。

著者紹介

加藤隆弘（かとう・たかひろ）

◇九州大学病院 精神科神経科 講師。九州大学病院「気分障害ひきこもり外来」主宰。

◇1974年：鹿児島県生まれ。2000年：九州大学医学部卒業。精神科医・医学博士。九州大学病院・牧病院・鮫島病院で精神科研修後、ひきこもり臨床に並行して、2005年より精神分析訓練と基礎脳科学研究を開始。2008年：日本学術振興会特別研究員、2011年：米国ジョンズホプキンス大学精神科「日米脳」派遣研究員、2013年：九州大学レドックスナビ研究拠点特任准教授（脳研究ユニット長）を経て、2017年より現職。

◇専門は精神分析・集団精神療法・精神免疫学・うつ病・自殺予防・ひきこもり。2012年：帰国後に、多様化するうつ病やひきこもりの病態解明と治療法開発のための専門外来（気分障害ひきこもり外来）を立ち上げるとともに、脳と心の橋渡し研究ラボ（九大精神科分子細胞研究室）を主宰。

・共著に『罪の日本語臨床』（創元社, 2009年）,『専門家に相談する前のメンタルヘルスファーストエイド』（創元社, 2012年）,『北山理論の発見：錯覚と脱錯覚を生きる』（創元社, 2015年）ほか。
・ランセット誌・世界精神医学会誌・米国精神医学会誌をはじめとする査読付の国際学術誌に120本を超える研究成果・臨床成果を報告し、特にひきこもり国際化に関する研究領域を牽引。
・メンタルヘルス・ファーストエイド・ジャパン（MHFA-J）の発起メンバーで、一般住民やひきこもり家族へのMHFAの普及活動を通じて、うつ・自殺予防・ひきこもり打開のための啓蒙活動を展開。

kodachi no bunko

みんなのひきこもり
つながり時代《じだい》の処世術《しょせいじゅつ》

2020年10月30日　初版第1刷発行

著　者　加藤隆弘

発行者　津田敏之
発行所　株式会社 木立の文庫
〒600-8449　京都市下京区新町通松原下る富永町107-1
telephone 075-585-5277　facsimile 075-320-3664
https://kodachino.co.jp/

挿画　おがわさとし
造本　中島佳那子
DTP　東 浩美
印刷製本　亜細亜印刷株式会社

ISBN 978-4-909862-16-7 C0011